Jean-Gaston LAFORE
ARCHITECTE DIPLOMÉ PAR LE GOUVERNEMENT

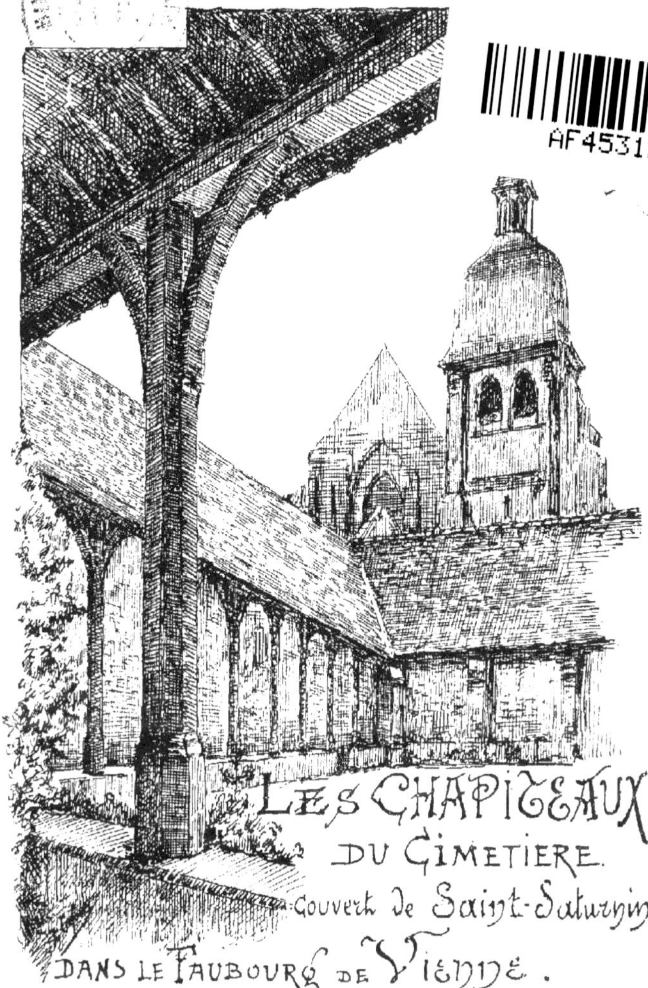

DESCRIPTION D'UNE DANSE DES MORTS
QUI Y EST FIGURÉE

· ·

EN VENTE A PARIS
Chez Auguste VINCENT
LIBRAIRE-ÉDITEUR
4, RUE DES BEAUX-ARTS (VIe).

1921

LES CHAPITEAUX

DU CIMETIÈRE DE SAINT-SATURNIN

A BLOIS

REPRÉSENTANT UNE DANSE DES MORTS

Jean Gaston LAFORE

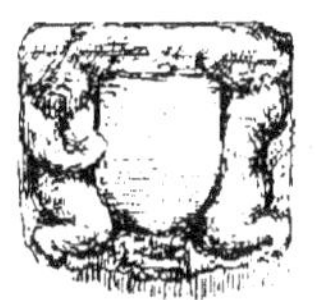

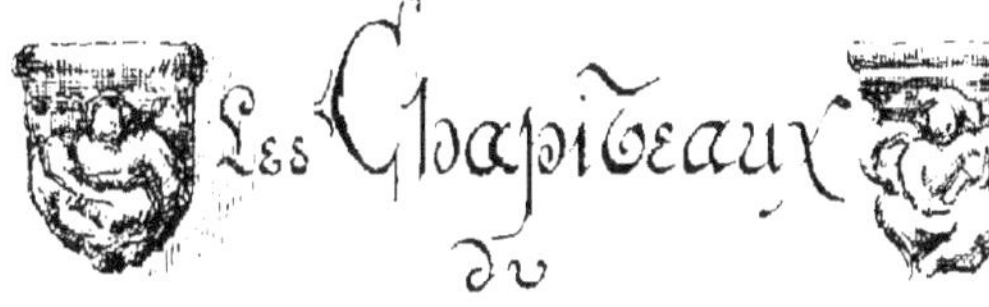

Les Chapiteaux du Cimetiere à Galeries de Saint-Saturnin en le faubourg de Vienne

à Blois

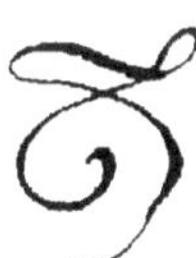

Description de la danse des morts qui y est figurée sur les faces.

Ouvrage médaillé par l'Académie des Sciences et Belles-Lettres de Toulouse, dans sa séance du 7 décembre 1913.

EN VENTE A PARIS

Chez Auguste VINCENT

LIBRAIRE-ÉDITEUR

3, RUE DES BEAUX-ARTS, VI⁰

1921

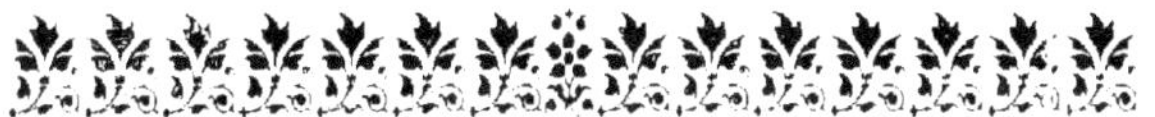

PRÉFACE

LE relevé du cimetière couvert de Saint-Saturnin, dans le faubourg de Vienne, à Blois, fut fait en 1875 d'une façon très sommaire par M. E. Lenail (Cimetière du XVIe siècle à Blois. Bulletin monumental 1875.)

L'aspect extérieur de ce monument n'arrête pas le touriste et même bien des gens de l'endroit l'ignorent, car, dans la rue Munier, on ne voit que le pignon de l'entrée percé de deux baies, une porte charretière et un guichet, dans un long mur plein et assez haut. L'originalité de cette porte en ogive, avec des corbeaux supportant une ferme attira mon attention, et je demandais des renseignements à la bibliothèque de Blois où je pus lire le compte rendu de M. Lenail.

Je fus visiter l'intérieur de ce monument muni de tous les passeports administratifs réglementaires.

Cet édifice fait partie de l'hôpital de la ville de Blois; et, quoique étant classé parmi les monuments historiques il est un peu délaissé par tout le monde. Après cette visite, j'eus l'idée de pousser plus loin l'étude de ce monument et d'en faire en détail le relevé tant au point de vue d'ensemble des lieux que des parties de sculptures très intéressantes des faces des chapiteaux en pierre.

M. le professeur Camille Enlart en donne, dans son Manuel d'Archéologie du moyen âge, une mention très courte, et il en est de même sur les guides des voyageurs, où l'on définit mal l'endroit aussi bien pour la date que pour ce qu'il y a de curieux et d'intéressant à voir. Tous les manuels parlent de restes de peintures, qui sont, au contraire, presque nuls et sans beaucoup d'intérêt artistique.

Il y a une fresque, datée de 1786, représentant un portrait de femme dont juste la face a été effacée. La peinture des murs et celle qui est sur les chapiteaux n'est qu'une sorte de badigeon plus ou moins épais, gris ou rouge, qui a été fait à différentes époques, et a malencontreusement empâté les détails des sculptures des chapiteaux des piliers en pierre de la partie de la galerie faisant face au nord. Sur les faces de ces chapiteaux est représentée une danse macabre dans le genre de celle de Troyes.

Ce cimetière couvert à galerie, sorte de Campo Santo, est un des sept ou huit qui restent en France à peu près non mutilés. Il en existe un semblable à Orléans, et ces deux monuments ont fait couler bien des flots d'encre pour savoir si on devait oui ou non les détruire. L'un, soit pour opération de voirie, l'autre, celui qui fait mon étude, pour une affectation (buanderie, séchoir de l'hôpital général) qui n'est pas faite pour assurer sa conservation et a déjà fait subir des dégradations bien regrettables.

On devrait d'abord faire restaurer discrètement ce curieux monument et le mettre en valeur, comme cela lui est dû, en donnant accès journalier aux étrangers qui le visiteraient et au public de Blois.

En détaillant les parties de cet édifice je crois avoir rempli un but certain d'utilité pour tous ceux qui s'intéressent à l'histoire de l'archéologie française du moyen âge.

J'ai tâché de trouver dans les anciens manuscrits et actes notariés de l'époque la date de l'édification de cet enclos, un seul acte parle de l'élargissement du cimetière, et c'est en 1515. Un acte manuscrit parle bien de l'achat d'un terrain par un particulier, l'abbé du couvent. Ce terrain est bien dit devant l'église de Vienne, mais il n'y a pas définition de l'année.

Je me suis donc borné à donner une copie figurée de ces passages ayant trait à ces ventes, pour faire voir les majestueux paraphes que les notaires de cette époque s'ingéniaient à dessiner autour de leur nom et aussi orner le commencement de leurs actes.

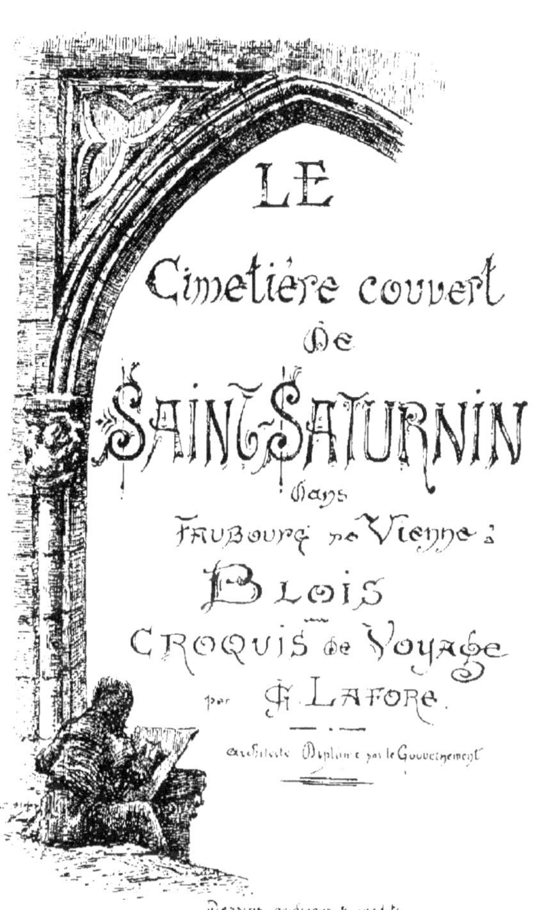

LE
Cimetière couvert
de
Saint-Saturnin
dans
Faubourg de Vienne à
Blois
Croquis de Voyage
par H. Lafore.
Architecte Diplômé par le Gouvernement
Dessins originaux & inédits

LES CHAPITEAUX

DU

CIMETIÈRE COUVERT

DE SAINT-SATURNIN

DANS LE FAUBOURG DE VIENNE, A BLOIS

Description des chapiteaux sculptés représentant une danse des Morts.

> A Rome, vous marcherez sur des
> pierres qui ont été les dieux des
> César et des Pompée, vous considé-
> rerez des ruines de ces grands ou-
> vrages dont la vieillesse est encore
> belle et vous vous promènerez tous
> les jours parmi les histoires et les
> fables.
>
> (Balzac, *Lettre au cardinal
> de La Valette.*)

CHAPITRE PREMIER

Aspect général du Monument.

Après avoir visité le château et tous les vieux monuments de Blois, si on passe le pont de onze arches
lancé sur la Loire, construit par Gabriel et Pitrou,
de 1717 à 1724, qui relie la ville haute à la ville basse, le
faubourg de Vienne, en tournant à droite et en suivant
quelques instants la rive gauche du fleuve, on trouve à sa
gauche la rue Munier, l'ancienne rue du Poirier. Sur le
dos d'âne du pont, au milieu, on remarque aussi une
pyramide ou gnomon de 18 mètres, à la base de laquelle,
du côté amont du pont, vers la rivière, on voit les armes de
France soutenues par deux tritons, ouvrage de Nicolas
Couston.

C'est dans la rue du Poirier, rue à peu près déserte, sauf

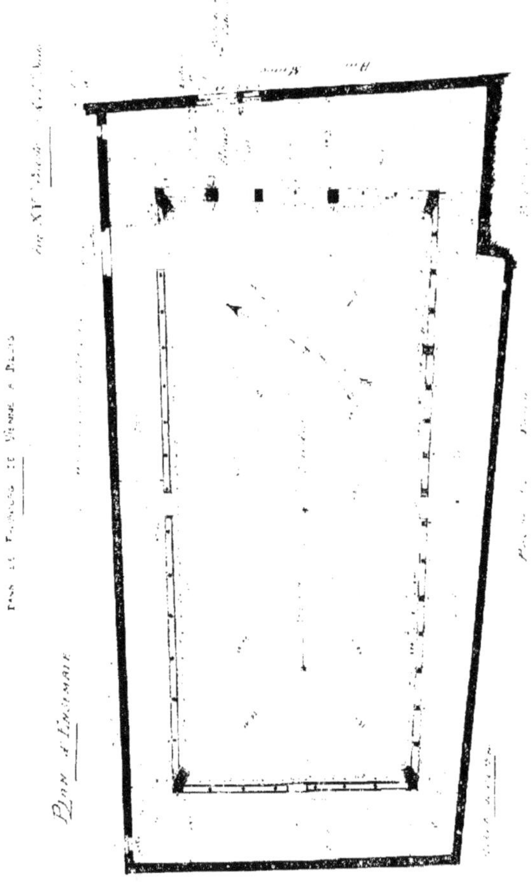
CIMETIÈRE DE SAINT-SATURNIN
Plan d'ensemble

aux heures des offices, ou les dimanches et les jours de
fêtes, que se trouve à gauche et presque au fond, tournée
vers le sud-ouest, l'église de Saint-Saturnin, et à droite, en
face l'entrée de l'église, tournée vers le nord-est, la façade

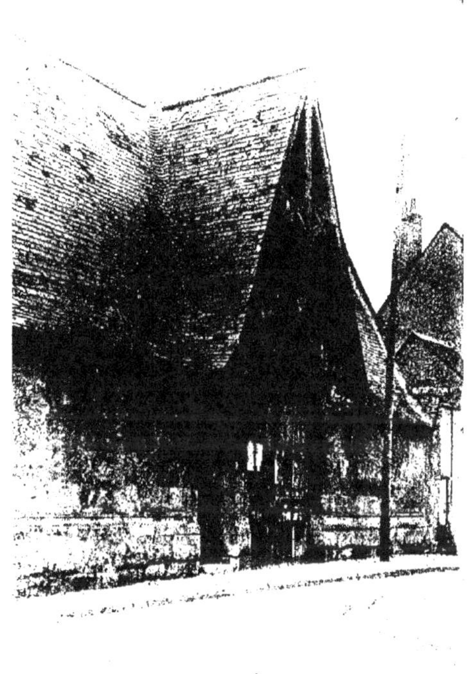

principale du cimetière à galerie dont nous allons nous
occuper.

Ce cimetière existait sur un enclos qui maintenant sert
de dépendance de l'hôpital, à l'usage de buanderie et de
séchoir dont les fils de fer, si malencontreusement scellés
soit dans les murs, soit sur les piliers ou les chapiteaux,

CIMETIÈRE DE SAINT-SATURNIN

DANS LE FAUBOURG DE VIENNE A BLOIS

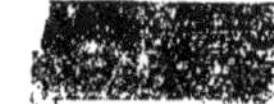

déparent cet édifice et lui enlèvent tout son cachet en le faisant ressembler à un espace garni de fils de fer ou de réseaux Ramas.

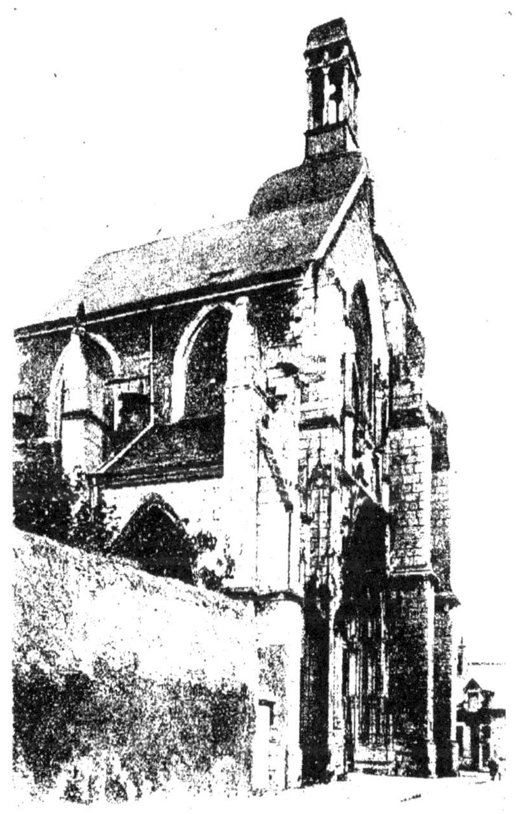

On y accède de nos jours par une porte récemment percée dans l'un des anciens murs séparatif entre l'hôpital, après avoir parcouru un dédale de couloirs et de cours de cet hospice.

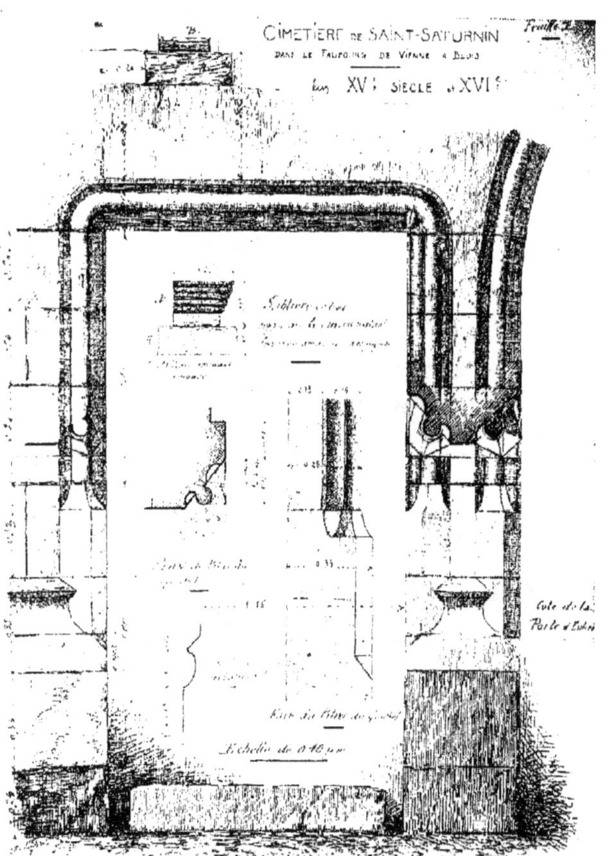

CIMETIÈRE DE SAINT-SATURNIN
DANS LE FAUBOURG DE VIENNE A BLOIS
XV.e SIÈCLE et XVI.e

Du côté de la rue du Poirier se trouvait le préau couvert divisé et transformé en buanderie, renfermant toutes les machines pour le blanchiment et l'épuration des linges de l'hospice. On y accédait autrefois directement par la rue au moyen de deux portes : l'une le guichet et l'autre la porte charretière, juste en face la porte d'entrée de l'église, et qui sont les seules baies dans le mur long et noir séparant l'enclos de la rue. On attribue cette partie à l'époque d'Anne de Bretagne. Au fond du préau, en face la porte charretière, contre un pilier carré, est adossé un bénitier (*feuille 19*).

L'ornementation des portes sur la rue du Poirier est très caractéristique de l'époque, ainsi que la mouluration du mur de long-pan (XV⁰ siècle).

Par la forme du tore et de la gorge, ainsi que l'arc d'ogive, on peut considérer cette ornementation comme celle qui était courante à l'époque du gothique primaire (XIII⁰ siècle), mais qui peut aussi avoir été prise comme base, vu la destination du lieu et sa simplicité.

Le guichet est à linteau plat et encadré par une gorge avec tore ainsi que la porte principale en ogive. L'ensemble de ces deux portes est accoladé par une ferme, en saillie sur la façade, de forme ogivale, couronnant le pignon et supportée par deux corbeaux ou sablières en bois. De chaque côté de l'ogive, au sommet et de chaque côté, on aperçoit des consoles ornées de figurines d'anges et d'amours soutenant des écussons, dont on remarque encore dans les creux des plis des draperies l'éclat des dorures et des couleurs vives qui les ont enluminés. Ces consoles devaient supporter des statuettes, mais elles doivent avoir subi le sort de tant d'autres objets de cette époque qui existaient dans le cimetière, elles ont été détruites. Les huisseries des deux portes sont encore peut-être de l'époque mais sont en assez mauvais état (*feuille D et feuille E*).

L'aspect de ce monument, du côté de la rue, est froid et

n'indique pas du premier coup que derrière il y avait un cimetière. On le prendrait plutôt pour une grange, et c'est ce que bien des gens de la localité disent même sachant ce qu'il y existe et ce qu'il y a eu... Serait-ce le grand toit en ardoise et ce mur noir tourné à peu près vers le nord qui donnent cet aspect indéfini? Quoi qu'il en soit, cet indéfini me fit impression et me donna l'idée de pousser plus loin mes recherches. Cela me rappela aussi un ancien concours d'école où deux élèves étrangers avaient pris ce même parti pour l'entrée d'une halte de voyageurs aux abords d'un monastère dans la montagne. Ces deux élèves architectes devaient sûrement avoir vu et observé l'arrangement de ces deux entrées et l'avaient adapté à leur composition, qui parut naturellement très originale et très intéressante, ils furent du reste récompensés.

L'enclos est de forme trapèze irrégulier, limité par des murs pleins, très hauts du côté des mitoyennetés, contenant des corbeaux de pierre supportant des sablières et des crochets en pierre retenant les fermes de la toiture en ardoise. Ces pierres traversent les murs de part en part et sont assez rapprochées les unes des autres.

Du côté du nord-ouest et du sud-ouest, il est contigu avec l'hôpital et le jardin potager de ce dernier.

Du côté sud, il est limité par des jardins et des maisons particulières et, vers la rue, par le presbytère actuel.

Quand on pénètre dans le jardin de cet enclos et que l'on fait face au sud-ouest, l'aspect de ce monument est changé, l'on se trouve dans un cloître mais d'aspect moins monacal que les cloîtres de Moissac ou du couvent des Augustins, à Toulouse.

La variété de parti comme mode de construction de ces galeries en ferait plutôt la cour-jardin d'une résidence de particulier.

L'appentis face au nord est soutenu par seize piliers en pierre de plan rond encastré dans un carré, reposant sur un mur parpaing qui règne sur tout le pourtour du jardin. Chacun de ces piliers ou pilastres est couronné de chapiteaux ornés que nous analyserons plus loin.

Les chapiteaux sont diversement ornés de sculptures un peu naïvement traitées mais appropriées à la destination ancienne du lieu, telles que attributs symboliques du rite mortuaire ou scènes rappelant les danses macabres, la légende des trois morts et des trois vifs, compositions très populaires au quinzième et au seizième siècles.

D'autres scènes où figurent des amours, des masques et des instruments de musique, objets moins macabres, sont aussi représentées sur les faces des corbeilles de ces chapiteaux, car il a été dit aussi que même certains de ces cimetières étaient devenus au quinzième siècle des lieux de débauche et de flâneries. Ce qui rend aussi intéressant le caractère de ces chapiteaux, ce sont les tailloirs qui sont à peu près tous, sur leurs quatre faces, ornés d'une tête de mort en guise de fleuron.

Cette galerie, où se trouve la rangée de pilastres à chapiteaux peut être considérée comme ayant été exécutée sous le règne de François Iᵉʳ (chapiteau de la salamandre et de l'aumônière, *feuille 2*). Vers la même époque que l'aile dite de François Iᵉʳ au château de Blois ou que le château de Chambord, mais le travail a été exécuté par un artiste sculpteur moins habile que ceux qui travaillèrent à ces châteaux.

L'appentis face à l'ouest est soutenu par six poteaux en bois à double potence et reposent directement sur le mur parpaing.

Dans le comble de cette partie, on voit trois lucarnes à baies jumelées (*feuilles B et C*) en ogive.

L'appentis face à l'est est aussi soutenu par quinze poteaux en bois à double potence reposant aussi sur le mur parpaing.

Enfin la partie du préau à deux versants, qui est actuellement bien dénaturée d'aspect, avec des vitrages et des

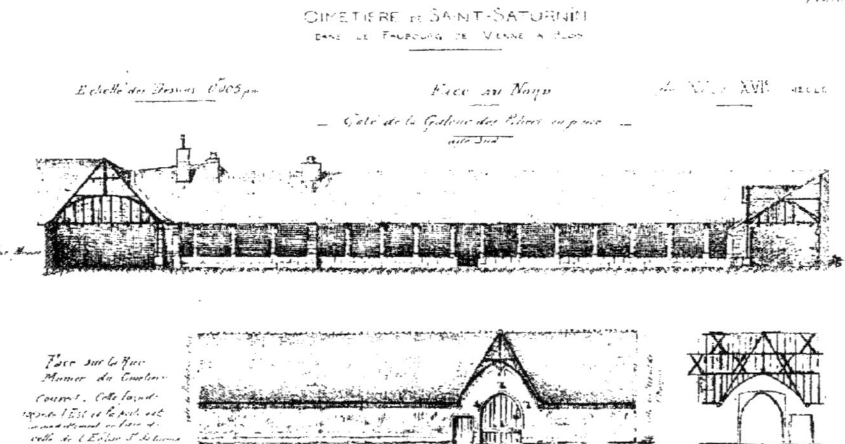
Feuille B
CIMETIÈRE DE SAINT-SATURNIN
DANS LE FAUBOURG DE VIENNE A BLOIS
Echelle des Dessins 0.005p.m
Face au Nord
XVIe et XVIIe siècles
— Côté de la Galerie des Piliers en pierre —
côté Sud
Face sur la Rue
Mineure du Cimetière
Couvert. Cette façade
regarde l'Est et fait est
celle de l'Église St-Saturnin
Face au Sud — Côté de la Galerie des Piliers couvert côté Rue

cloisons, la face regardant le sud est soutenue par trois piliers carrés en pierre avec quelques moulurations haut et bas et trois poteaux en bois à double potence reposant sur le mur parpaing.

Les demi-fermes des toits reposent sur une sablière moulurée en bois, portée par ces piliers et par une sablière contre les murs mitoyens supportée par des corbeaux en pierre.

Aux quatre angles de ces galeries, qui n'ont pas leurs côtés parallèles, les fermes de noues viennent reposer sur des piliers en pierre munis de contreforts pour contrebutter la poussée de ces fermettes; et, à l'intérieur des galeries, les faces de ces piliers sont à panneaux moulurés, couronnés par des chapiteaux de pilastres ornés de sculptures, et leurs bases sont doriques renaissance comme celles des piliers carrés.

Ce qui est très intéressant à observer dans cet édifice c'est la composition des charpentes, tant celles du comble à deux versants que celles des appentis couvrant ces galeries. C'est une carène de vaisseau renversée, les fermes et les demi-fermettes étant très rapprochées les unes des autres et affectant la forme ogivale par des sortes de coyaux. Les intervalles étant peu larges, le lambris, qui n'existe plus et qui recouvrait ces fermes, était cloué facilement et pouvait donner de la rigidité à tout cet ensemble. Il n'existe que quelques planches de lambris avec quelques dessins en camaïeu, peints à la fresque, représentant des guirlandes de fruits et rubans entourant des écussons renaissance.

La remarque que l'on peut faire sur le caractère de cet édifice et à son aspect, puisque c'était une sorte de *Campo Santo* de l'endroit, est qu'on ne voit figurer nulle part le signe ou emblème du Christ, ni comme édicule, ni sculpté. On y remarque simplement une croix de lorraine tenue par un évêque, sculptée sur le 17ᵉ chapiteau d'un pilier d'angle (xvıᵉ siècle) partie côté nord *(feuille 17)*. Le temps a-t-il fait son œuvre?

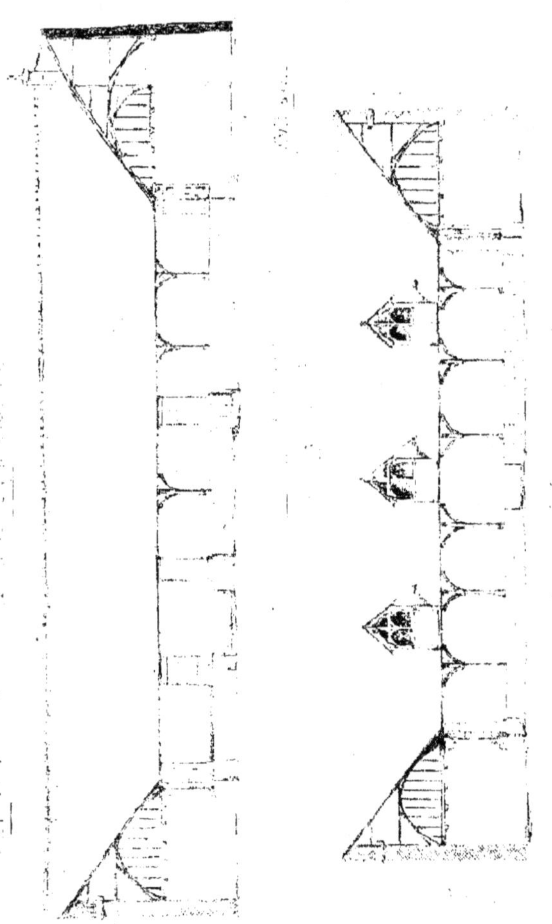

CHAPITRE II

Recherche de la date de construction de l'édifice.

L A première idée qui vient à l'esprit du voyageur, à la vue de ces monuments anciens, c'est de savoir la date à laquelle ils furent commencés ou exécutés et ainsi définir leur style.

Combien même avec renseignements en mains quelquefois on n'est pas encore sûr ou fixé; exemple : la petite église de Rhodon (Loir-et-Cher), qui a ses baies en ogive primaire et qui, d'après les manuscrits conservés, date du douzième siècle, c'est-à-dire de l'époque romane. A-t-elle été détruite, puis reconstruite? A-t-elle été commencée, interrompue, puis terminée au quinzième siècle? Cela, les manuscrits n'en font pas mention.

L'expression « là où l'histoire s'arrête les pierres parlent », est encore bien médiocre, aussi, en toute sincérité au sujet de ce monument, je me bornerai à retracer ce que j'ai retrouvé des auteurs qui en ont parlé.

L'édifice, dans son ensemble, paraît être de la même époque que l'église paroissiale du faubourg de Vienne (xvᵉ et xvıᵉ siècles), qui se trouve en face de ce funèbre enclos, sépulture privilégiée distinguant les familles qui ne voulaient pas être confondues dans l'égalité du cimetière commun entourant l'église.

La partie côté rue du Poirier et le préau est attribuée à Anne de Bretagne, et cela ne fait pas de doute car le style des deux portes d'entrée, leur mouluration, les charpentes

du préau et celles des galeries face au nord avec leurs lucarnes
et celles face à l'est avec leurs piliers en bois, à potence
double, par leur mouluration et leurs formes n'en indiquent
pas moins son ancienneté.

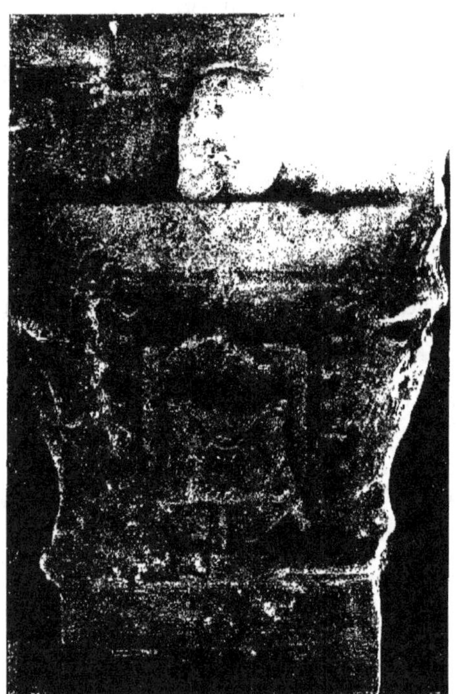

La partie face à l'ouest par ses piliers en pierre, leurs
moulurations et ses sculptures sont bien renaissance seizième siècle, et, ce qui le prouve, c'est la représentation
d'une salamandre sur l'un des chapiteaux et d'une aumônière sur un autre style François Ier; emblèmes de Claude
et de François Ier :

Note sur Saint-Saturnin de Blois. En face du portail de l'église se trouve un vaste cloître, dépendant autrefois de la fabrique; on y enterrait moyennant certains tributs les paroissiens notables de Vienne. L'édifice paraît être de la même époque que l'église, le style de sa grande porte ogivale n'indique pas une moindre ancienneté. La charpente, très bien conservée, est d'un travail remarquable. Les sculptures des piliers n'ont pas entièrement disparu, les murailles conservent même quelques restes de peinture qui les décoraient jadis.

Aujourd'hui, le funèbre enclos de l'aristocratie viennoise appartient à l'hospice général qui en a fait une buanderie (*Histoire de Blois*, par L. Bergevin et A. Dupré, 1846, § Saint-Saturnin, tome I, page 514). Voici ce que dit cet auteur au sujet de l'église :

« Cette église paroissiale du faubourg de Vienne fut bâtie des dons de la reine Anne de Bretagne ; elle était un but de pèlerinage et était sous le vocable de saint Saturnin, saint pour lequel Anne de Bretagne eut une grande dévotion. La façade tournée au couchant, le portail, les portes surbaissées des bas côtés, la petite tour latérale et les piliers de la nef appartiennent, en effet, au style architectural de cette époque. L'ornementation est la même que dans l'aile orientale du château, bâtie également sous le règne de Louis XII. »

Notation de M. Fernand Bournon, 1908. *Les Villes d'art célèbres : Blois, Chambord et les châteaux des environs*.

A côté de l'église de Vienne est le bâtiment sans style et bien lourd de l'hôpital général, fondé par Gaston d'Orléans. Cet établissement s'est annexé un très curieux cloître de la fin du quinzième siècle et qui était le *Campo Santo* de la paroisse: il fallait être notable et riche pour être inhumé sous ses galeries.

Voilà ce que disent les auteurs récents ou anciens au sujet de ce cimetière, c'est donc très sommaire et peu affirmatif. — (Aux archives départementales de Loir-et-Cher, on possède un acte de vente de terrain ayant trait seulement à l'agrandissement de ce cimetière et diverses analyses, un peu commentées, qui ont été faites soit à la même époque, soit à l'époque de la Révolution, soit même de nos jours.) Je me borne, à titre de renseignements, à les donner en repro-

duction avec leur traduction, sans plus de commentaires et aussi à titre de curiosité d'écriture gothique, avec les paraphes compliqués des notaires de l'époque.

(*Feuille K*). — COPIE FIGURÉE N° 1 : *Universis*, etc.

(*Traduction feuille N*).

(Cote Archives départementales de Loir-et-Cher, G 1.028. original parchemin scellé de deux sceaux disparus).

Ce manuscrit est en latin et la traduction littérale est immédiatement placée sur la feuille qui donne la copie du manuscrit. Vers la même époque au dos du parchemin, on a écrit en vieux français, fin seizième siècle, l'analyse succincte de cette pièce notariée; et à l'époque de la Révolution, encore au dos, on a ajouté une traduction sommaire du contenu de l'acte.

Cette pièce a été mise dans une chemise de dossier; ce parchemin, qui porte aussi la mention suivante :

FABRIQUE DE VIENNE. — BIENS FONDÉS.

Vienne, arrondissement de Blois, 1515.

Échange fait entre les marguilliers de Vienne et les Bourmoyens d'un jardin qui fait *à présent* partie du cimetière neuf contre une pièce de terre (rature) sise à la Croix Ulard. et deux minées, sise en la dite propriété en deux pièces l'une proche la grille et l'autre proche le colombier.

(*Feuille L*). — COPIE N° 2. (*Traduction feuille N*).

L'analyse au dos de ce parchemin, qui doit dater de la fin du seizième siècle, est ainsi faite et écrite en vieux français gothique. (Copie n° 3. F.M.)

Eschange d'entre Messieurs de Bourgmoïen et les Marelliers de

G 1028

Cote Archives appartenant... au conseil (?) ...
Original parchemin scellé sur double queue ... ...
disparu ——

☩ A tous ceulx qui ces presentes lettres
verront le bailly de Blois salut. Savoir fai[sons] que par devant
pierre grenafie clerc notaire .... ung jardin assis
audict Blois en la rue du povoir devant Rgaf Ou... ainsi qu'il se poursuit
et comporte de long large et ... appartenances joignant d'une part a la maison
de foligay vaillon le jeune d'une part et d'autre part au jardin de ... marit...
... du bout sur lad... et d'autre bout sur ... par cy
sans autre charge. Lequel jardin est pour vendre ... et est large ... de lad
eglise ... avec tous tels droiz que lesdits vendeurs ... ou ... dessus lesdits ... et lesdits jardins.
— — — — — — — — Pour le pris et somme de quarante livres tournois
monnoye courant a fur — — — — — — — — — Le dixseptiesme jour de mars
L'an mil cinq cent et quinze.

Grenafie

[1516 n. st.]   Copie figurée N° 2

Vienne par laquelle appert les dits de Bourgmoïen avoir délaissé
aux dits Marelliers ung jardin auquel est de présent partie du

cimestière neuf en contre eschange de huit boisselées de terre, assisés
à la Croix au Nas, et deux minées de terre en deux piéces assisés
près le colombier du seigneur de Vienne.

Année mil cinze cent quinze, le mercredi, octave
de la fête de l'Assomption Notre-Dame.

COPIE N° 2.

Au dos de ce parchemin se trouve une analyse aussi en vieux français et une autre plus récente ainsi conçue :

Acquest fait par les marguilliers de François Rondeau, prêtre,

Analyse de la Copie figurée N° 2

A Tous ceux qui ces présentes lettres verront le Bailly de Blois salut savoir faisons que par devant Pierre Grenase clère notaire . . . . Un jardin assis au dit Vienne en la Rue du Poivre devant l'église du dit-Vienne ainsi qu'il se poursuit et comporte de long, large et autres appartenances joignant d'une part à la maison de Jehan Caillou le jeune d'une part et d'autre part au jardin des dit marguilliers aboutant d'un bout sur la dite Rue et d'autre bout sur les dits marguilliers à pur sans autre charge lequel jardin est pour convertir à eslargir le cimetière de la dite église avec Tout tel droit que le dit-vendeur a ou mur d'entre le dit Caillou et le dit jardin pour le pris et somme de quarante livres tournois monnoie courant à présent . . . . Le 17e jour de Mars l'an 1515.

Grenase

Analyse de la Copie figurée N° 1

A Tous ceux les présentes lettres . . . . Une certaine pièce de jardin cultivé ou inculte qui des dépendances de la [. . . . .] dernièrement faite par Pierre Alau [. . .] notre [. . .] le la maison et de [. . .] de quarante avec ses dépendances [. . .] devant l'église [. . .] de Vienne [. . .] d'un côté et [. . .] ou vivant de l'autre . . . . [. . .] de l'exemption de la rue [. . .] de M. l'abbé [. . .] et la communauté

[. . .]

D'un jardin pour augmenter le cimetière pour le prix de 40 livres tournois, 750 francs environ — devant Pierre Grenazie notaire à Blois le 17 mars 1515, 17 mars 1516 n. st. .

Cette pièce se trouve aussi classée dans une chemise de dossier en parchemin. Ainsi classée peut-être à la Révolution.

FABRIQUE DE VIENNE. — BIENS FONDÉS.

VIENNE LES-BLOIS

—

LE CLOÎTRE DE VIENNE
Rue du Poirier.
                                             15 mars 1515.

—

Acquisition par les marguilliers de Saint-Saturnin de Vienne d'un jardin pour augmenter leur cimetière moyennant 40 livres.

A la suite de cette notation, il existe la réflexion écrite suivante :

Le cimetière, fait des jardins mentionnés en ces deux contrats, est celui qui devant le grand portail de l'église de Vienne s'appelle le cloistre, parce qu'il est entouré d'un cloître, qui servait, ainsi que le préau qui est au centre, à la sépulture. Le cimetière autour de l'église fut ainsi qu'il *paraît par divers titres* (où les trouver?) abandonné lors de la confection du nouveau.

Enfin, pour terminer cette nomenclature, je citerai encore un document qui date de 1644 (commencement du règne de Louis XIV), qui existe aussi aux Archives département tales du Loir-et-Cher (G 1.028), dont l'analyse est ainsi conçue :

Donation à la marelle de Vienne d'une moitié de maison, sise rue du Poirier, et tenant à ce grand cimetière couvert de l'église de Vienne (1644).

Ainsi, avec les manuscrits que l'on possède, on voit seulement que le dix-septième jour de mars 1515, on acquit du terrain pour agrandir le cimetière de l'église de Vienne. Ce terrain était devant l'église, dans la rue du Poirier, mitoyen avec la maison de Jean Caillou le jeune d'une part, et d'autre part mitoyen de deux côtés au jardin des Marelliers et donnant sur la rue du Poirier. Cet acte se passait chez Me Grenazie, notaire. (Copie n° 2, *feuille L*.)

De plus, le mercredi de l'Assomption, en août 1515, le

monastère achetait encore du terrain à Pierre Alais, faisant
partie de la maison de ce dernier et du Jeu de Paume avec
ses dépendances devant l'église de Vienne. (Copie nº 1,
feuille K.)
Cet acte se passait chez Mᵉ Gareau, notaire.

CHAPITEAU A LA SALAMANDRE

XVIᵉ SIÈCLE

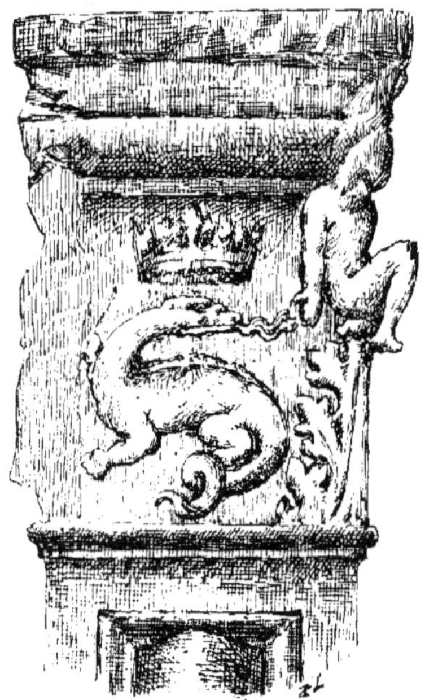

Ce chapiteau se trouve masqué actuellement par des planches qui constituent un hangar qui abrite des bassins et
du matériel de buanderie ; pour le découvrir nous avons eu
recours à une glace étamée, éclairée au moyen d'une lampe.
Cette face est figurée là dans son état normal.

Ce document n'a aucun intérêt, puisqu'il ne parle pas du
cimetière et n'est curieux que parce qu'il est rédigé en latin,

écrit en gothique avec de curieux paraphes et des ornementations habiles de lettres majuscules.

Dès lors, en résumé, la date certaine de l'érection de ce cimetière nous reste inconnue pour la première partie, que l'on attribue à Anne de Bretagne ou époque de Louis XII. (Entrée et préau couvert.) Nous ne savons que la date de l'augmentation de ce dernier d'abord par le manuscrit, ensuite par la partie face à l'ouest qui est constituée par les piliers en pierre, couronnés des chapiteaux, sur lesquels on voit les emblèmes de Claude de France et de François Ier, l'aumônière et la salamandre.

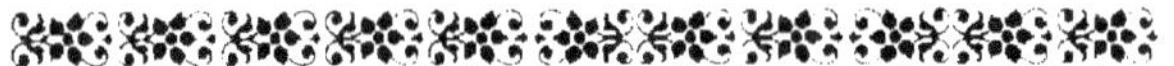

CHAPITRE III

Description des parties de l'édifice.

LE PRÉAU.

CETTE partie, de 25 mètres de long sur 6 mètres en moyenne de largeur, est limitée par deux murs de, long, pan supportant une toiture à deux versants, en ardoises dont l'arrangement compliqué de la charpente est intéressant au point de vue des fermes qui la composent et qui forment un berceau à peu près elliptique. Cette forme devait être bien mieux définie quand le lambris existait.

A l'un des bouts, elle confronte le mur de la maison du presbytère et, de l'autre, par une ouverture pratiquée dans le mur; de nos jours, elle communique avec une dépendance de l'hôpital.

Le mur bordant la rue du Poirier (*feuille B*) est construit en moellons du pays avec socle en pierres dures (côté rue). A l'intérieur, il est crépi de haut en bas et, sur la rue, seulement à partir du socle jusque sous le stellicide du toit. Il est nu intérieurement, sauf que vers 3 mètres de haut on voit, de place en place, des corbeaux en pierre simplement arrondis vers le bas qui supportent une sablière traînante en bois moulurée (*feuille 17*).

Les deux portes qui sont dans ce mur conservent, à l'intérieur, la même forme que celle de l'extérieur.

La porte charretière, qui a 3^m 11 aux arêtes de l'ébrasement est couronnée, intérieurement, par ce que l'on appelle

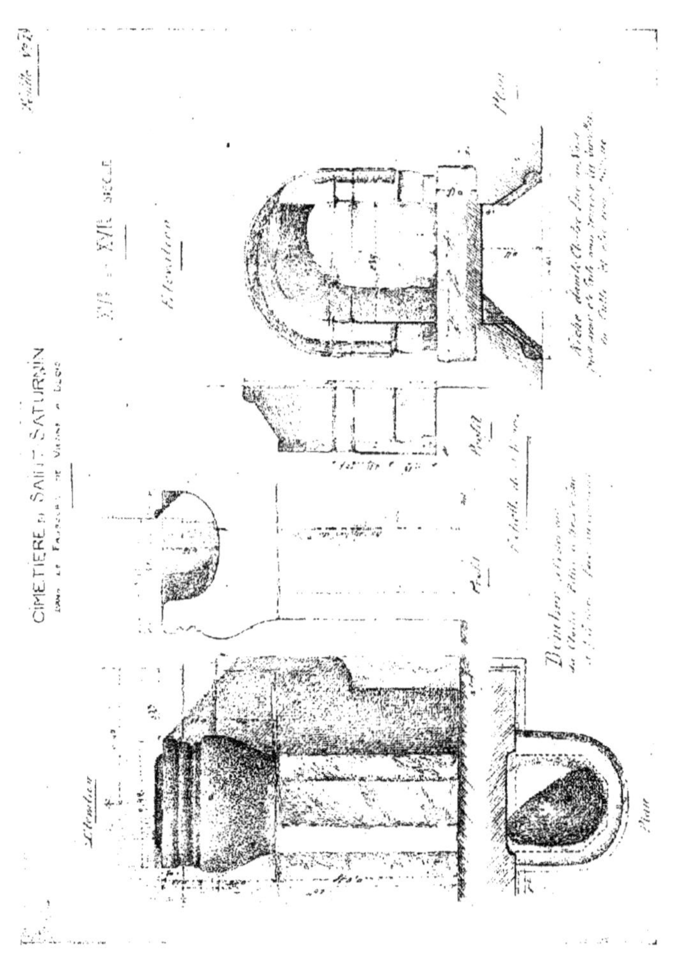
CIMETIÈRE DE SAINT-SATURNIN
XVIe — XVIIe SIÈCLE
Élévation
Profil
Élévation
Plan
Plan

de nos jours une arrière voussure de Marseille pour permettre le développement des battants de porte vers l'intérieur du préau. On ne remarque pas de seuil qui serait au niveau du trottoir de la rue, le sol de cette partie ayant été totalement dénaturé par les divers aménagements que l'on y a fait.

Le guichet, avec seuil surélevé, a 1^{m}16 d'ouverture et 1^{m}87 de haut au-dessus du seuil. Un linteau, droit et plat à l'intérieur, fait d'une pierre monolythe, couronne cette baie.

Extérieurement, le socle courant du mur (0^{m}80 de haut, *feuille E*) et celui du pied-droit entre les deux baies, est mouluré d'un glacis avec filet et gorge en scotie.

L'arrangement de la retombée des moulures des deux portes, dans ce pied-droit, avec l'intersection du socle est très gracieux et dénote bien l'époque Louis XII.

La face côté jardin (*feuille C*) qui est au contraire très ajourée, n'est constituée que par les deux piliers d'angle (*feuille 1*) des galeries perpendiculaires à ce préau.

Trois piliers en pierre couronnés en glacis, côté jardin (*feuille n° 13*), formant sommier à l'intérieur (*feuille 23*) supportent la sablière traînante en bois moulurée intérieurement, droite face au jardin, soutiennent les fermes de la charpente, soulagée, dans l'intervalle des piliers, par trois poteaux en bois (*feuilles 13 et 16*) qui y sont intercalés et qui reposent sur le mur parpaing.

Ces deux faces ne sont pas parallèles, aussi les charpentes du comble sont très curieuses : elles suivent, dans leur écartement d'entrait, l'écartement des murs tout en conservant la même hauteur de berceau.

Contre l'un des piliers, côté jardin, en face la porte charretière, est adossé le bénitier, en pierre monolythe (*feuille 19*), de forme oblongue, arrondi en face et mouluration très forte sur les bords supérieurs ; il est très original et son support est en pierre prismatique. Au droit des portes, sur la rue, le mur forme pignon ; cela a occa-

sionné de former, à l'intérieur du préau, un comble en
pénétration dans celui de long-pan. Les assemblages des
noues et le raccordement intérieur des deux berceaux perpendiculaires est très intéressant au point de vue du travail
de charpente.

LE MUR PARPAING (feuille 18).

Le mur parpaing entoure toute la partie à air libre de
cet enclos sur trois faces. Actuellement, ce n'est qu'une
sorte de terrain vague où poussent toutes sortes d'herbes
sillonné par le pas des lavandières qui vont y étendre les
linges.

Dans le milieu de chacune des faces de ce mur sont pra-
tiqués des passages avec seuils, de 1ᵐ 30 à 1ᵐ 45, pour donner accès dans les galeries.

Sur la quatrième face, où se trouve le préau, il est ouvert
par un passage de 2ᵐ 30 entre les deux piliers, en face l'entrée principale donnant sur la rue.

C'est un mur en pierre dure dont les bords supérieurs
sont chanfreinés et, aux quatre arêtes des passages, le
chanfrein se poursuit verticalement pour se terminer à
quelques centimètres du sol et du seuil en forme arrondie
en écuelle pour venir ensuite se raccorder avec l'arête vive
allant vers le sol. Sur la face, au midi, ce mur a été malencontreusement coupé sur une largeur de 3ᵐ 40 pour faciliter
le service, ce qui le dépare. Sur la partie supérieure hori-
zontale, de 35 centimètres environ de large, reposent les
pilastres et les piliers en pierre, ainsi que tous les poteaux
en bois qui soutiennent toutes les galeries.

LES GALERIES.

Galerie face au midi.

Cette galerie est contiguë à l'hospice par son mur d'appentis et, du côté du jardin, les fermes du comble sont

supportées par une rangée de quatorze poteaux en bois à double potence (*feuille 20*), soutenant une sablière en bois moulurée, du côté de la galerie, et munie, du côté du jardin, d'un simple tasseau chanfreiné et rapporté.

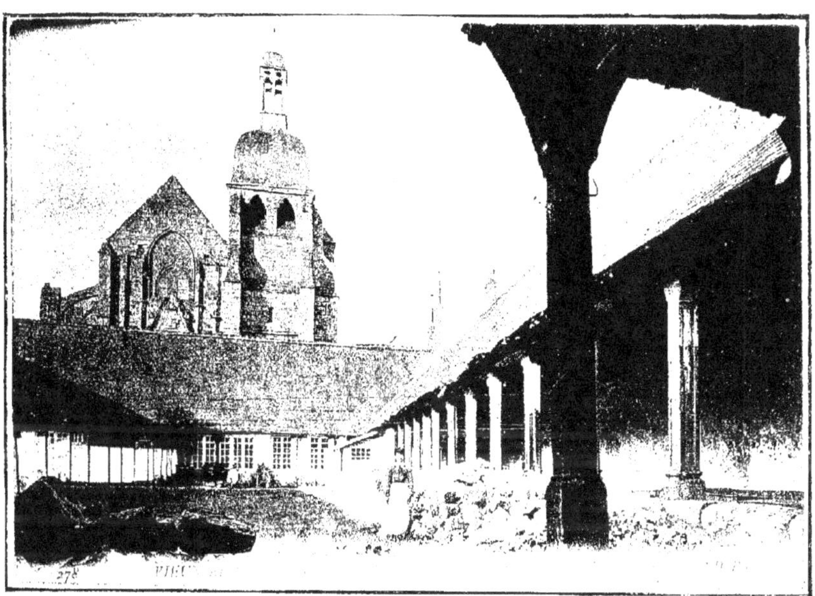

Aux deux angles, des piliers en pierre à contrefort (*feuille 1*) soutiennent la poussée des demi-fermes de noues de la toiture en ardoises posées sur des lattes, simplement, au moyen de clous. Les deux faces sont à peu près parallèles, il existe une différence de 25 centimètres du côté du préau, le berceau est en forme d'ogive aiguë.

Le mur séparatif est en moellons, très haut et nu, crépi en mortier coloré ton bleuâtre. On aperçoit seulement, dans ce mur, une rangée de corbeaux en pierre espacés de deux

en deux demi-fermes environ, arrondis dans le bas, et
supportant une sablière en bois avec moulures sur laquelle
viennent reposer les demi-fermes de l'appentis *(feuille 20)*.
Des crochets en pierre, vers le sommet du mur de forme

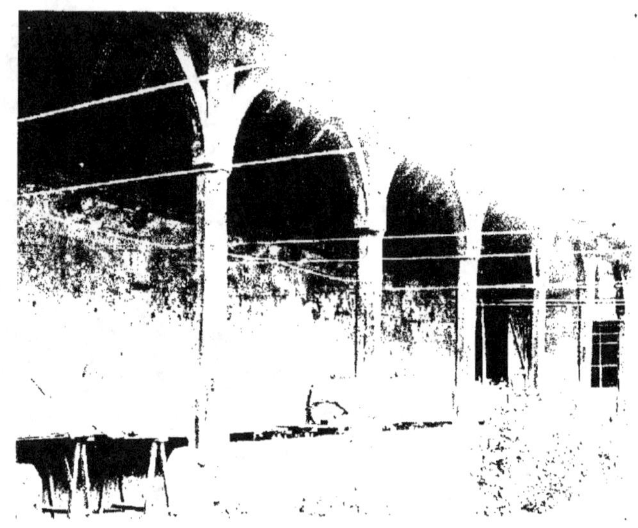

appropriée à leur usage, traversent de part en part ce mur
et maintiennent le poinçon des demi-fermes contre le mur,
peut-être aussi cela donne-t-il du raide au mur dans cette
partie? Ces crochets étant distants de deux en deux demi-
fermes.

Trois ouvertures existent dans ce mur, il n'y en a qu'une
qui mérite l'attention *(feuille 18)*, car elle doit dater de
l'époque et devait servir de porte dérobée ou de service en
donnant accès sur des jardins potagers voisins. Elle a
95 centimètres d'ouverture et 1^m23 de hauteur au-dessus
d'un seuil en pierre. Les pied-droits de cette porte sont formées, de chaque côté, par six assises en pierre dure à angles

arrondis du côté de la galerie. Le linteau est d'une seule pierre simplement chanfreiné sur son arête d'intrados avec retour. Le raccord avec les faces n'existe pas. Les deux autres baies n'ont aucun intérêt ayant été faites de nos jours. Le sol de cette galerie est en terre battue ou en béton de caillou, en parties mal entretenues. On ne peut pas dire s'il existait des dalles, il ne subsiste aucun reste.

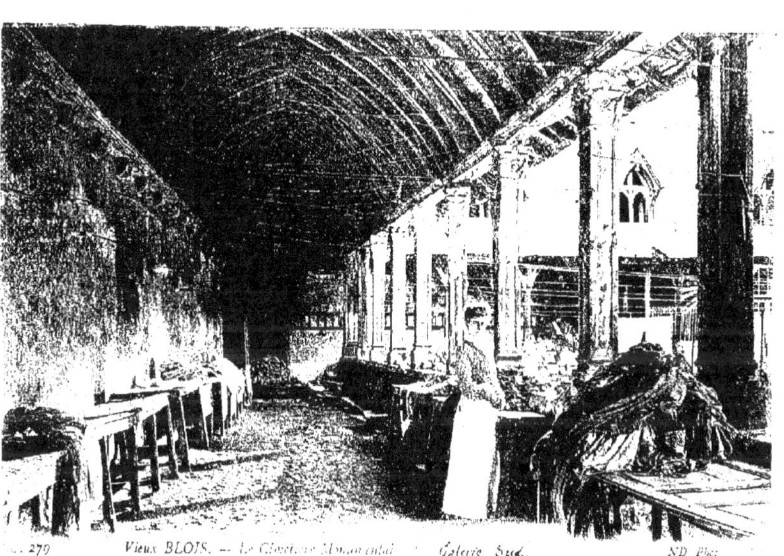

C'est dans cette partie de la galerie, presque au-dessus de cette porte, qu'il existe quatre ou cinq travées, à peu près intactes, de lambris couverts de peintures en camaïeu représentant une couronne comtale, des chutes de feuilles et de fruits, une couronne de fleurs, le tout entrelacé de chutes de rubans style renaissance (*feuille 21*).

Galerie face à l'est
(Ou galerie des théâtres.)

Cette galerie est perpendiculaire à la précédente que nous venons de voir, encore ici les faces de long-pan ne sont pas

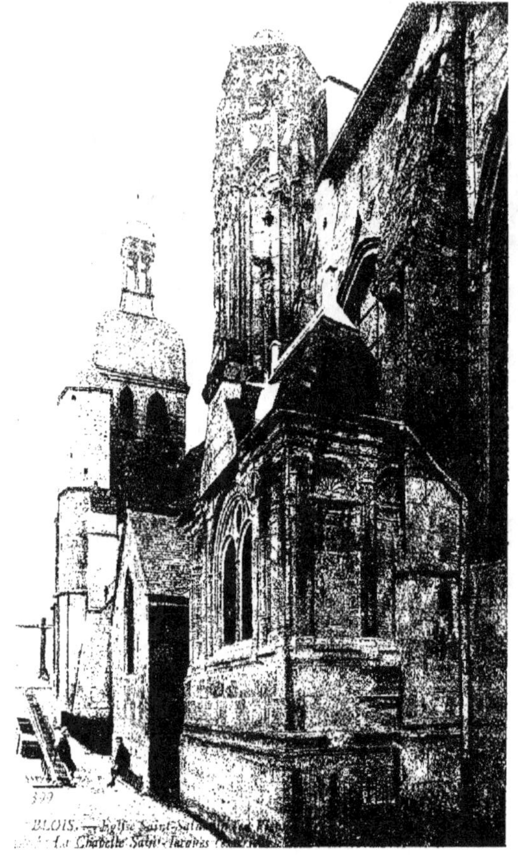

parallèles. Il y a une différence de 20 centimètres environ dans leurs extrémités. La partie la plus large est du côté de

la face que nous avons décrite, 4ᵐ.40, et la partie la plus
étroite. 4ᵐ 25, du côté de la face où se trouve la rangée
des piliers en pierre avec chapiteaux. Le mur mitoyen est
de la même hauteur que le précédent et confronte actuellement le jardin potager de l'hôpital. Il est nu et a été plusieurs fois recouvert de badigeon rose ou bleuté. Les corbeaux et les crochets en pierre, pour supporter la charpente
de l'appentis, sont disposés pareillement que les précédents
et ont la même destination : ils traversent, de part en part,
ce mur. La face parallèle, côté jardin, est constituée par
deux piliers d'angle en pierre avec contreforts à l'extérieur, et de six piliers ou poteaux en bois posés sur le mur
parpaing.

La particularité de cette face est que, sur la toiture en
ardoises, au-dessus des intervalles intermédiaires des
piliers, se trouvent trois lucarnes en bois avec baies gémi-
minées en ogive, le stellicide de ces lucarnes est lui-
même en forme d'ogive et couronne l'ensemble.

Cet arrangement de baies enlève sur cette toiture la mo-
notonie des grands toits qui se trouvent sur les autres faces.
Chose curieuse, ces lucarnes n'ont aucune utilité au point
de vue éclairage de comble, car le berceau des charpentes
vient buter presque contre la face d'allège de ces lucarnes
et quand il y avait le lambris il ne restait plus de place ou
à peine pour se mouvoir dans l'intervalle. Cela devait avoir
été fait simplement pour agrémenter cette face et donner
un peu d'air dans l'intervalle compris entre le lambris et
le lattis où se trouvent toutes les charpentes qui les soutiennent. Il n'y a pas trace de menuiserie de croisée; donc,
cela ne doit avoir été qu'une fantaisie du constructeur pour
faire admirer son travail de charpenterie et enjoliver cette
face. Le sol de cette partie n'indique pas qu'il y ait eu de
dallage, car ce n'est plus que du sable et du gravier qui
recouvre cette partie.

Galerie face au nord
(Ou galerie des chapiteaux)

Le faces latérales de long-pan qui délimitent cette galerie
sont ici totalement en biais, le parallélisme n'est nullement

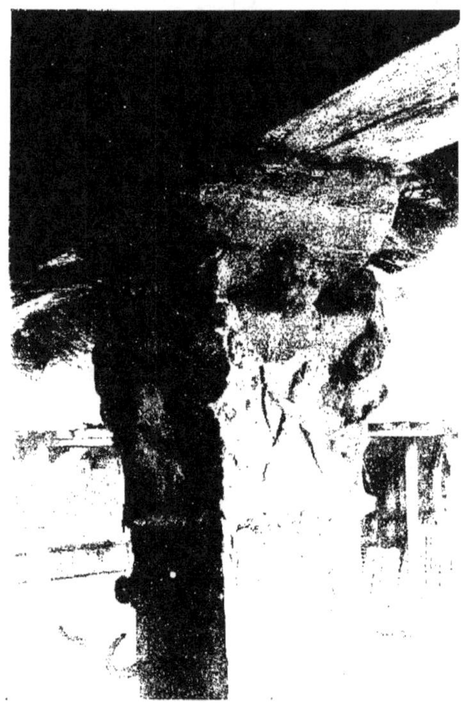

observé. Le mur mitoyen avec les propriétés voisines et
le presbytère forme, du côté du préau, un redan de 2 mètres environ d'avancée dans la galerie. Il est espacé de la
face, donnant sur le jardin, d'un bout de 5 mètres et, de
l'autre, vers le préau, de 5 mètres, puis de 5 mètres seule-

ment. Le niveau du berceau reste toujours le même et conserve sa hauteur pour régner avec ceux des autres galeries. Les chevrons portant ferme sont aménagés pour suivre le non parallélisme des faces latérales, aussi l'ogive s'élargit ou se contracte à sa base suivant l'endroit de la galerie. C'est ce qui fait l'originalité de tous ces assemblages de bois de charpente. Dans la partie la plus étroite, il existe encore six tracés de lambris, le berceau étant bien formé et fermé sur la pointe en redan (*feuille 21*).

Les corbeaux et les crochets subsistent toujours à la même hauteur des sablières et des poinçons des demi-fermes d'appentis.

Dans ce mur, badigeonné de gris jusqu'à hauteur des sablières, il existe, du côté du redan de la maison du presbytère, une crédence ou niche (*feuille 19*) en plein cintre, à gorge et pan coupé, de 20 centimètres d'enfoncée dans le mur et de 60 centimètres de large sur 70 de hauteur. On ne remarque pas de trace de table d'autel ou d'autre accessoire pouvant définir la destination de cette partie en retrait.

Non loin de cette crédence, sur le mur, se trouve encore une peinture murale avec cadre peint à la fresque représentant un portrait de femme dont la face a été détériorée ou défigurée à dessein pendant les époques révolutionnaires.

Au-dessus du cadre, peint en jaune, on lit, sur une table de couleur jaune foncé, en assez gros caractère, et en noir : « Jeanne, 1786 ».

Le portrait se détache sur un fond bleu pâle et figure une femme, peut-être décolletée, avec un corsage rouge, un voile ou un manteau noir recouvrant la tête et les épaules.

Le bas du tableau a été gratté et endommagé, la figure devait être en pied. Dans cette partie avait-on installé l'autel pour le culte entouré des portraits des bienfaitrices de tous les temps ? La face, côté jardin, est composée de deux piliers en pierre à contrefort formant les angles et de quinze

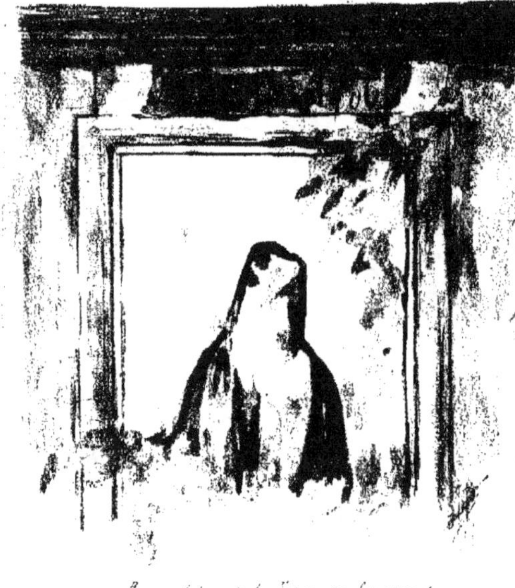
Feuille N° 25.
CIMETIERE DE SAINT-SATURNIN
DANS LE FAUBOURG DE VIENNE A BLOIS
FIN XVe et XVIe SIECLE
PEINTURE MURALE DANS LA PARTIE COTE SUD
Cette fresque se trouve dans la galerie des Pères en pierre. Elle est située presque au dessus de la Pietà. Elle est placée sur le mur près de la chapelle du presbytère actuel.

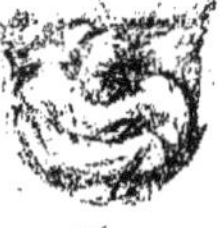

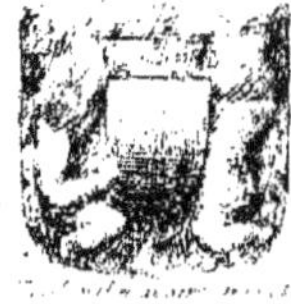

colonnes (*feuille II*) ou piliers en pierre reposant sur des bases de profil renaissance posées, elles aussi, sur le mur parpaing. Le couronnement de ces colonnes sera défini en détail dans un des chapitres suivants.

Un seul de ces piliers est de dimensions plus fortes que les autres et se trouve après le 3ᵉ pilier à la suite de celui qui forme l'angle du préau, presque en face de la peinture murale et de la niche. Quatre piliers plus loin on trouve le passage, dans le mur parpaing, pour pénétrer dans le jardin.

Il est à remarquer, dans cet édifice, que l'on a tenu compte de l'orientation des galeries pour placer les piliers en bois et en pierre. Il y a une sorte de gradation dans l'ordonnance de ces supports. Ainsi la face du préau exposée au couchant, c'est-à-dire aux vents et aux intempéries, est constituée par des piliers en pierre et peu de poteaux en bois.

La face exposée au midi, au contraire, ne possède que des poteaux en bois; de même, la face exposée à l'est.

C'est enfin la face exposée totalement au nord qui possède les colonnes en pierre.

Cela provient-il de l'agrandissement que l'on fit au seizième siècle et que l'on voulut employer de la pierre, ou le constructeur avait-il conçu la chose en se préoccupant de l'orientation des faces de cet enclos? La chose est assez intéressante et curieuse à la fois.

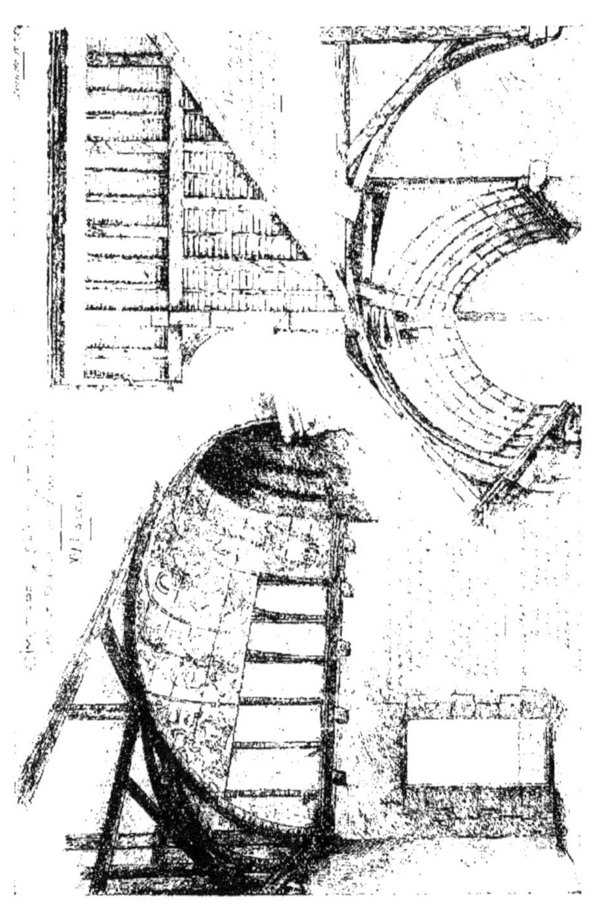

CHAPITRE IV

Les charpentes.

Combles du Préau.

Le préau est couvert par un comble à deux versants. La partie du pignon de la porte cochère est aussi un comble à deux eaux plus petit que le premier comme ouverture d'angle, il y a donc deux noues formées dans ces combles produites par leur intersection. Tous les bois de ces charpentes sont en chêne et paraissent, par leur état actuel de vétusté, avoir pu résister jusqu'à nos jours et être de l'époque. Ils ont été blanchis, c'est-à-dire rabottés sur toutes leurs faces avant d'avoir été placés et les assemblages sont tous faits à tenons et mortaises soit avec embrèvement, soit à face immédiatement adhérente, le tout retenu par des goujons cunéiformes en bois dur enfoncés à force. Les fermes sont très rapprochées, mais ne sont pas constituées comme les fermes ordinaires: ce sont les chevrons seulement qui tiennent lieu d'arbalétrier et leur écartement est maintenu par deux entraits ou doubles entraits retroussés supportés par deux aisseliers épousant la forme de l'arc d'ogive surbaissé arrivant même à certains endroits à une forme elliptique. L'un des entraits, le plus bas, supporte un poinçon renforcé dans son milieu pour recevoir le second entrait qui supporte la panne faîtière, soulagée par

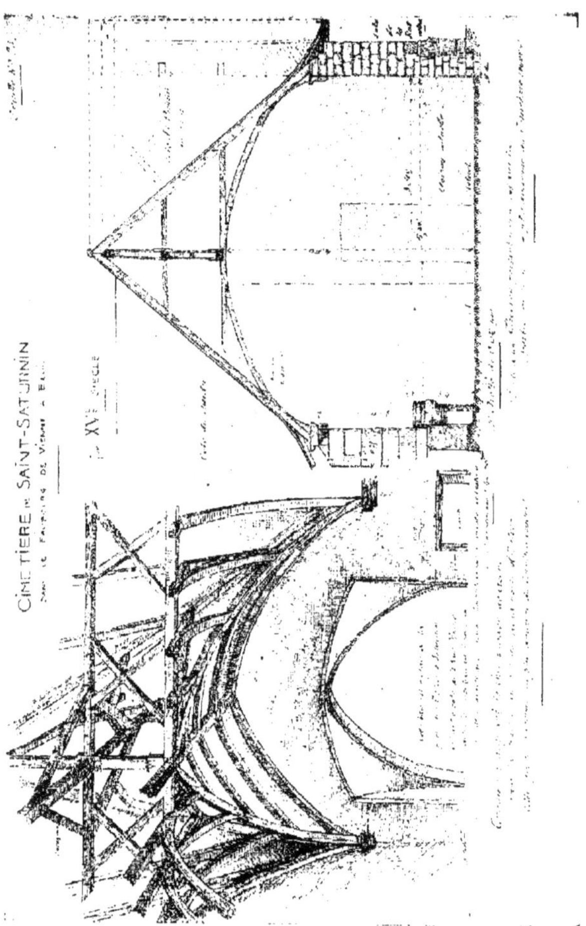

CIMETIÈRE DE SAINT-SATURNIN
dans le faubourg de Vienne à Blois
XVI siècle

des contrefiches ou contreventements en croix entaillés et assemblés à mi-bois.

L'about des chevrons repose sur des sablières en bois de long-pan. Du côté intérieur de la galerie on a ajouté une sorte de coin qui lui donne plus d'assise et plus de force par son assemblage à embrèvement, il épouse, en même temps, le départ de l'arc d'ogives.

A l'extérieur des coyaux ou queues de vache, reposant eux aussi sur une petite sablière ou tasseau rapporté formant moulure, rejettent les eaux du toit loin des murs. On a convenu d'appeler ce genre de charpente de comble « comble à chevrons portant ferme ».

Le lattis, formé de lattes peu larges mais assez rapprochées les unes des autres pour conserver le pureau des ardoises, est directement cloué sur ces chevrons. Les contrefiches formant le berceau portent toutes des clous qui indiquent qu'un lambris en planches recouvrait le préau et formait voûte ; mais ces bois ont été arrachés, il n'en reste que quelques vestiges dans certaines parties de l'édifice.

Les chevrons ou arêtiers de noues, formés par la pénétration de ces deux combles, sont un peu plus larges que les autres et possèdent une arête de recreusement suivant l'intersection des deux plans des deux versants des toits.

Dans l'intérieur du berceau, au droit de ces arêtiers et au-dessous d'eux, des pièces de bois formant arêtiers comme dans les voûtes d'arêtes en pierre et d'autres, tenant lieu d'anneaux peu espacés, viennent s'appliquer sur ces pièces d'arêtes pour constituer chacune des berceaux interrompus à cet endroit.

Tous ces assemblages de construction font paraître cette charpente comme l'ossature de la carène d'un vaisseau renversé (*feuille 23*). Au milieu de l'intersection des deux combles se trouve, à la hauteur du deuxième entrait, une enrayure carrée avec pièces de bois maintenant et soulageant les deux chevrons des noues.

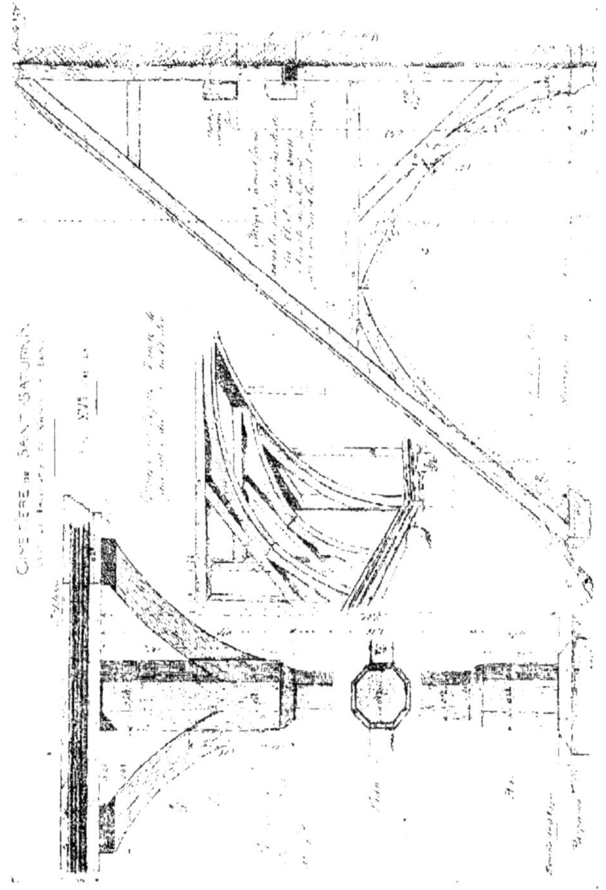

L'écartement des murs n'étant pas parallèles, ces fermes
suivent les différences de largeur et ce sont les entraits qui
diffèrent dans leur écartement en longueur ainsi que les

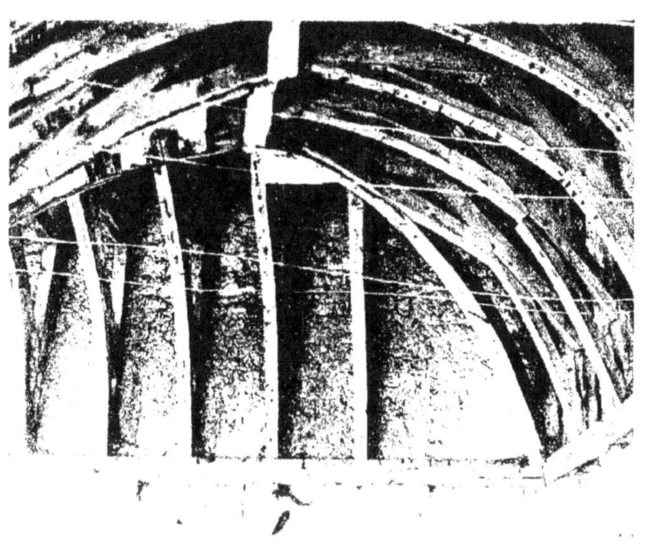

aisseliers, mais tout en conservant la même hauteur d'o-
give ou de berceau.

COMBLES DES GALERIES.

Galerie face au midi.   — Galerie face au nord. — Galerie face au levant.

Les charpentes de ces trois parties sont pareilles comme
mode de construction de fermes. Ce sont des demi-fermes
d'appentis ou chevron portant demi-ferme.

Un poinçon très haut s'appliquant sur le mur, retenu
par les crochets en pierre, est supporté par la sablière trai-

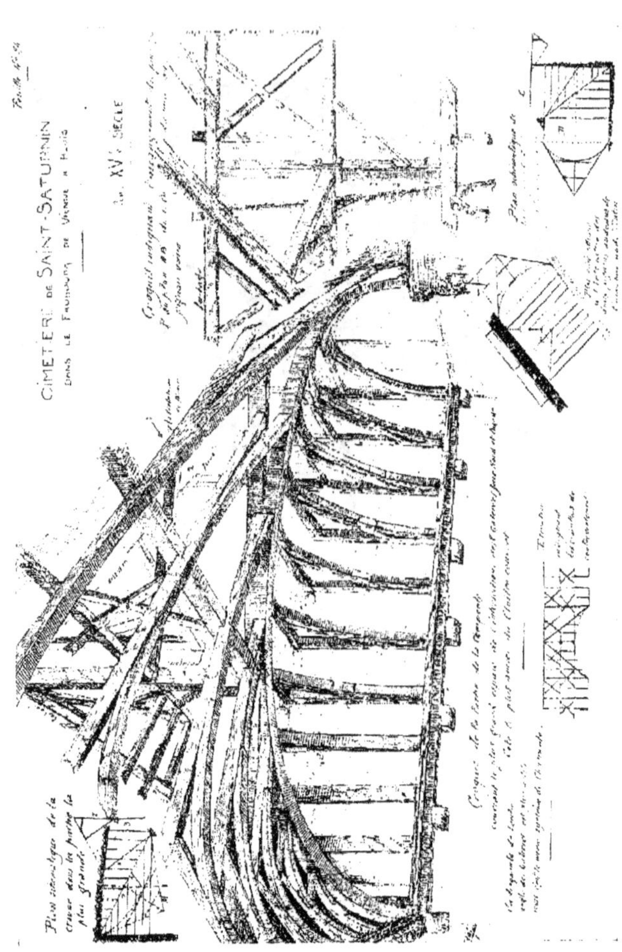
CIMETIÈRE DE SAINT-SATURNIN
DANS LE FAUBOURG DE VIENNE A BLOIS
Au XVᵉ SIÈCLE
Feuille Nᵒ 94
Plan schématique de la crouer dans la partie la plus grande
Croquis indiquant l'enrayement de la partie P du plan AB
Croquis de la partie de la charpente
Plan schématique de

nante de long-pan ; il supporte le chevron qui vient s'y
assembler à son sommet. Le chevron lui aussi sur l'autre
sablière traînante du côté du jardin. Deux entraits en maintiennent l'écartement qui est encore ici variable suivant la
largeur respective des galeries.

Le premier de ces entraits, le plus bas, reste à la même
hauteur que ceux des charpentes du préau ; il est supporté,
en outre, par un aisselier venant s'appuyer sur le poinçon
et, par le moyen d'autres contrefiches ou cerces, on a formé
l'arc d'ogive.

Du côté du jardin, un coyau est ajouté à l'about du chevron pour former auvent et rejeter les eaux des toits loin
des murs parpaings. Une sorte de semelle, semblable à celle
déjà décrite pour le préau, repose sur la sablière en bois
de long-pan et épouse la forme de l'arc. Ce qui est le plus
intéressant à remarquer dans la charpente de ces galeries
ce sont les arêtiers de noues et les arêtiers d'arête à la rencontre de chacune des galeries où les assemblages devien-
nent compliqués *(feuille 24)* et où le berceau en ogive
devient elliptique.

Le constructeur a montré dans cette exécution une véritable ingéniosité et même une connaissance parfaite de la
stéréotomie (section de charpente).

Au droit des arêtiers de noues, et sur les arêtiers d'arête
de la voûte en berceau, on voit des poinçons renforcés
supplémentaires pour donner plus de force au chevron de
noue qui est à peu près de même équarrissage que les
autres chevrons, ou des pièces de bois horizontales échan-
crées au droit des cerces formant anneaux de voûte, pour
maintenir leur écartement et servant d'enrayure. Des contrefiches simples ou en croix et diverses autres formes d'en-
rayures, viennent maintenir et renforcer toutes les pièces
qui sont sujettes à un effort soutenu contre les vents, la
neige et le poids des ardoises.

Dans la rencontre du toit du préau, côté de l'hôpital, et

la galerie perpendiculaire qui est attenante à ce bâtiment
il faut aussi remarquer l'assemblage curieux de cette partie

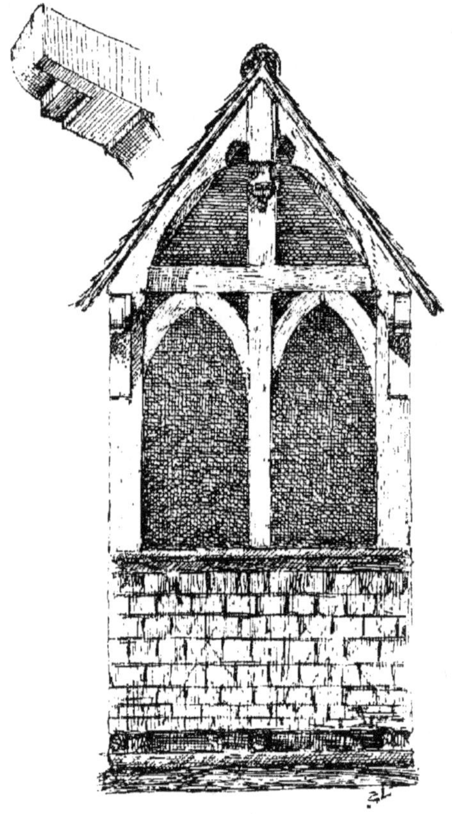

LUCARNE

avec détail d'une potence.

fait par une demi-ferme servant de transition entre le toit
à deux pentes et l'appentis de la galerie *(feuille 24, coupe
CD)*.

Les entraits hauts pour cette fermette sont tout simplement assemblés à tenon et mortaise avec goujon au chevron et au poinçon. La partie rétrécie du côté du presbytère est aussi remarquable par la façon dont le charpentier a résolu la solution pour faire le raccord des sommets des ogives et des berceaux (*feuille 21*).

En résumé, ce travail de charpente mérite à lui seul que l'on visite cet enclos, malheureusement le nom du maître de l'œuvre qui l'exécuta ne nous est pas parvenu et l'on n'en retrouve plus trace dans aucune relation.

LES LUCARNES.

Les trois lucarnes qui agrémentent la toiture de la galerie face à l'est sont très intéressantes au point de vue de leur construction de charpente. Mais leur destination est à peu près nulle car elles ne laissaient aucun intervalle dans le comble lorsqu'il y avait les lambris. La courbure de l'ogive du berceau étant tout à fait rapprochée de la face d'appui de ces lucarnes, il n'existe pas de trace de feuillure dans les bois des baies pour contenir des menuiseries de croisées. Le tympan au-dessus est à jour, cela donc ne devait servir qu'à aérer cette partie de la galerie et, du côté du jardin, donner un peu de diversité et de gaieté par les trois coupures dans ce grand toit, qui serait, comme les deux autres toits des galeries perpendiculaires, morne et monotone.

Elles ont 1^m37 de largeur et 2^m60 environ de hauteur (*feuille 22*), leur couverture est à deux versants et en ardoises.

La face est formée par trois potelets réunis par des pièces de bois taillées en cerce formant ogive, pour supporter un entrait et un poinçon maintenant la panne faîtière.

Une sorte d'auvent, de 40 centimètres d'avancée sur cette face, est supporté par des consoles arquées qui soutiennent

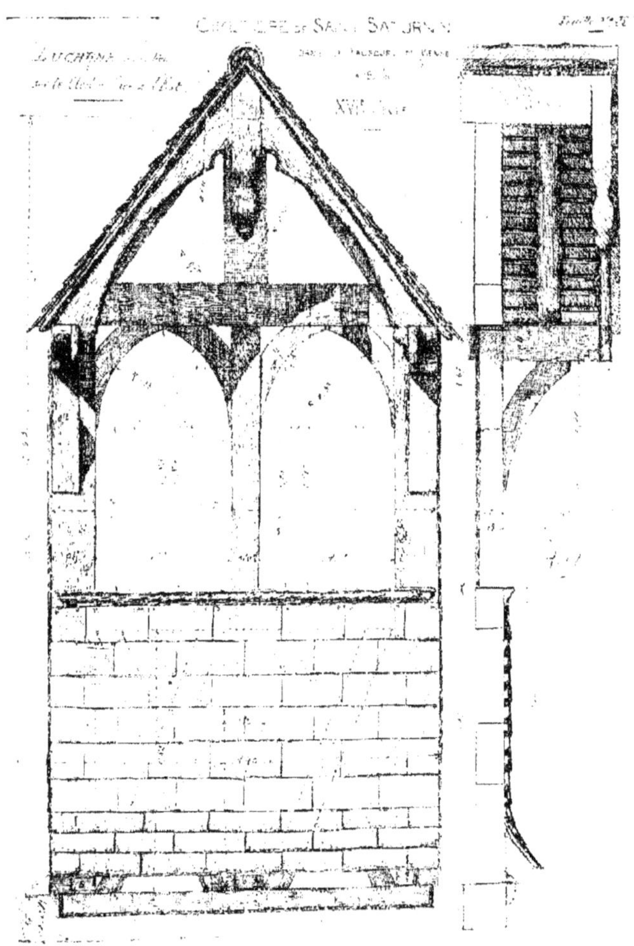

les abouts des sablières de rives qui sont curieusement moulurés (*feuille 22*), pour maintenir encore en avant de la face deux cerces en arc d'ogive qui retiennent un pendentif

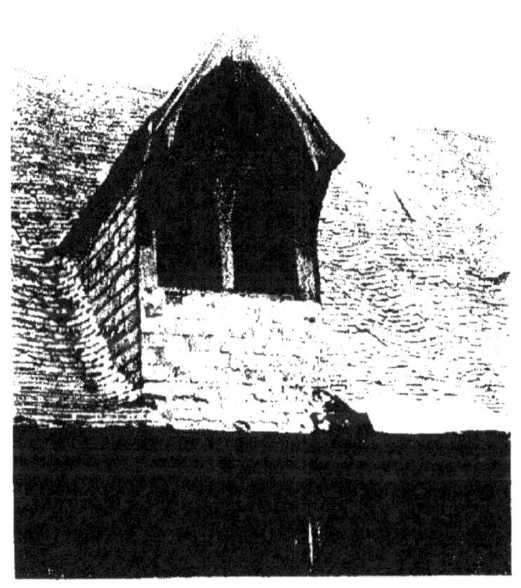

terminé par une sorte de gland. Dans l'intérieur de l'appui de ces lucarnes des pièces de bois en croix, assemblées à mi-bois, maintiennent la traverse d'appui et l'écartement des potelets sur lesquels sont clouées les lattes pour tenir les ardoises qui recouvrent la partie basse de ces lucarnes. La traverse d'appui est agrémentée au moyen d'une moulure rapportée et couronne les ardoises.

Les jouées de chacune de ces lucarnes sont faites de potelets reposant sur les chevrons, portant ferme et supportant les sablières de rives, en épousant les diverses hauteurs de la pente du toit.

Au moyen de lattes clouées sur ces potelets qui sont assez rapprochés on a assujetti, au moyen de clous, les ardoises recouvrant ces parties. Elles sont coupées à vif suivant la pente du toit; aucune noue n'existe. ce n'est que la grande quantité d'ardoises sur le toit et sur les jouées et leur grand recouvrement ou pureau qui fait que les eaux pluviales ne pénètrent pas dans l'intérieur, et une légère courbure dans l'arrangement des ardoises le long de ces jouées rattrape la pente du toit.

Les Poteaux en bois. (feuille 20.)

Les poteaux en bois, au nombre de vingt-trois, sont tous identiques de silhouette. De forme octogone ils ont 2ᵐ25 de haut sous la sablière et sont divisés en trois parties distinctes. La base, le fût et le chapiteau avec potences. La base a 22 centimètres de large sur 34 centimètres de haut, compris un quart de rond, et repose directement sur le mur parpaing.

Le fût a 17 centimètres de largeur et 1ᵐ16 de haut sans mouluration. Le chapiteau a 24 centimètres de largeur et 75 centimètres de hauteur, compris un talon qui fait suite au fût.

Dans le sens longitudinal des galeries deux contrefiches en arc-boutan, diamétralement opposées, de 15 centimètres d'avancée. viennent s'assembler sur l'une des faces du chapiteau et par une partie embrevée et droite, dans la sablière traînante supportant les chevrons portant ferme *feuille 20.*

Tous les bois ont été rabotés. mais à l'heure actuelle ils ont pris une teinte brun noir et laissent apparaître les fibres. ce qui donne à ces poteaux un caractère tout particulier de vétusté.

CHAPITRE V

Les Piliers d'angles en pierre.

ES quatre piliers ou pilastres en pierre, aux angles du jardin et des galeries ou du préau, sont de forme bien caractéristique (*feuille 1*). Ils reposent tous sur le mur parpaing et sont en plan de forme carrée dans lequel plusieurs circonférences de divers diamètres seraient inscrites. Du côté du jardin on a accolé un autre pilier, couronné par une partie en glacis mouluré à sa partie inférieure, sorte de contrefort placé dans le sens de la poussée des arbalétriers de noues pour venir contrebuter cette poussée. En plan il est de forme irrégulière mais genre queue d'aronde, et dépasse le mur parpaing du côté du jardin, sans en prendre la mouluration.

Ces piliers sont composés de trois parties : bases, fûts et chapiteaux. Les bases sont doriques. Les fûts sont formés de panneaux oblongs avec encadrements moulurés et la partie milieu, qui est courbée, correspond à un fût de colonne ronde qui serait encastrée dans ce cadre ou panneau. Les chapiteaux de ces pilastres sont moulurés sobrement et comprennent astragales-frises ou corbeilles et tailloirs. C'est dans ces frises que l'artiste a sculpté les attributs macabres et les sujets ayant trait à la danse des morts.

Le quatrième pilier, côté du préau et de la galerie face au midi n'a pas de chapiteau et est tout uni, il ne possède que le contrefort avec glacis et sa moulure.

Ces piliers sont formés de sept assises de pierre et ne

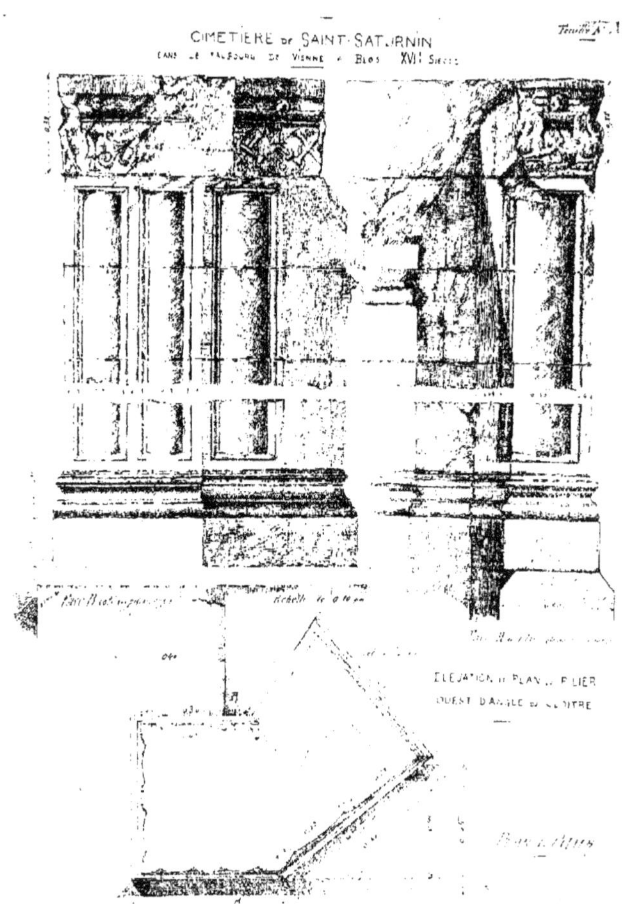
CIMETIERE DE SAINT-SATURNIN
DANS LE FAUBOURG DE VIENNE A BLOIS   XVIe SIÈCLE
ELEVATION ET PLAN DU PILIER
OUEST D'ANGLE DU CLOITRE

sont pas monolithes comme les fûts des autres piliers en pierre qui sont dans la galerie face au nord.

Dans cette galerie, le treizième pilier, en partant de la face, est plus large que ceux qui sont immédiatement à sa suite. Il a même base et, du côté du jardin, possède un contrefort avec glacis mouluré; pourtant de ce côté il n'y a pas de poussée d'arbalétrier différent aux autres. La face dans la galerie est double des autres piliers et sur les deux faces des retours, il fait pendant aux autres faces de ces mêmes piliers. Il a même base dorique, même interprétation du fût que les fûts des piliers d'angle; il est simplement uni sur les faces du contrefort qui suit la mouluration de la base dans sa partie basse et est constitué de plusieurs assises. Sur trois faces il est couronné de chapiteaux sculptés.

Les trois piliers du préau sont assez épais et formés de plusieurs assises en pierres brutes et ne sont pas ornementés; ils sont munis, dans leur partie supérieure seulement d'une sorte de tailloir du côté intérieur et d'un glacis avec moulure rappelant celui des piliers d'angles du côté du jardin.

Deux ont 60 centimètres et 80 centimètres en carré et leur base, sans mouluration, dépasse du côté du jardin l'épaisseur du mur parpaing, pas de chapiteaux.

Celui contre lequel est adossé le bénitier a 90 centimètres dans sa plus grande largeur et est constitué pareillement comme les précédents.

Contre le mur parpaing de cette partie du côté du jardin et jusqu'au pilier d'angle de la galerie face au midi, il existe une sorte de banc en pierre ou de bassin formé de plusieurs pierres posées droites.

Les piliers carrés de la galerie face au nord sont tous en pierre. Les bases qui reposent sur le mur parpaing sont formées d'une seule pièce et d'ordre dorique. Leurs fûts sont monolithes de 1m,42 de hauteur, de plan carré, dans lequel est inscrit un cercle ou colonne encastrée *feuille 2*.

Les chapiteaux sont à astragales, à corbeilles carrées et doubles tailloirs sur lesquels vient reposer la sablière traînante en bois mouluré.

Tous les piliers en pierre ont été, à certaines époques de troubles, recouverts de plusieurs couches plus ou moins épaisses d'un enduit rose ou gris bleuté formant croûte de nos jours, mais qui est tombé sur certaines parties des matériaux plus durs à cause de la non adhérence, tels que sur les fûts et les bases, mais les chapiteaux ont conservé encore suffisamment les traces de ces enduits qui ont préservé heureusement la pierre tendre dont ils sont faits et les sculptures qui s'y trouvaient. Les avait-on enduits seulement pour enlever le caractère macabre des sculptures ou faire disparaître la trace d'une figuration de la danse des morts en donnant, à tous ces chapiteaux, l'aspect de gros blocs informes ou grossièrement taillés? Ou pour ne pas attirer l'attention des visiteurs curieux de retrouver les traces du passé? Néanmoins je fus frappé de cette particularité que cet enduit en tombant par place laissait découvrir certaines sculptures très bien finies et que, en le brossant légèrement, je pus nettement apercevoir les sujets qui ornent encore de nos jours ces chapiteaux. Ces sujets sont l'image et l'idée de la destruction matérielle... c'est l'égalité de tous les hommes non devant Dieu, mais devant le ver du tombeau.

« Rien de mieux que la mort. Rien de pis que la vie.

CHAPITRE VI

**Description des sculptures des chapiteaux. — Les emblèmes.
La danse des Morts.**

Les Chapiteaux des piliers d'angles[1].

18e Chapiteau (feuille 8)

(Du pilier d'angle, entre les galeries face au midi
et la galerie des lucarnes.

Pour bien voir tous les détails de ce chapiteau il faut
se placer face à l'angle intérieur dans le sens de
l'arêtier de noue.

En face, on aperçoit une figurine nue sur l'angle reposant sur l'astragale et dont la tête fait saillie sur le quart
de rond couronnant la frise. Ce personnage a sa main droite
appuyée sur la poitrine et sa main gauche repose sur la
cuisse gauche. Les détails de ces sculptures sont encore
cachés par l'enduit malencontreux.

A la gauche du spectateur, sur la frise, on distingue des
sortes de monstres fabuleux ou harpies ayant un corps de
femme et un corps de poisson dont les queues, terminées

<hr>

[1] Voir : Carlos Larronde, La *Danse macabre*. Ce petit volume contient
deux savoureux chefs-d'œuvre du moyen âge. La *Danse macabre*
de 1486 et une adaptation d'un mystère du XVe siècle. Le chevalier qui
donne sa femme au diable, celle-ci fut représentée à Paris en 1913, et
à Genève en 1910.

Bibliographie du Voile d'Isis. Soudeba.

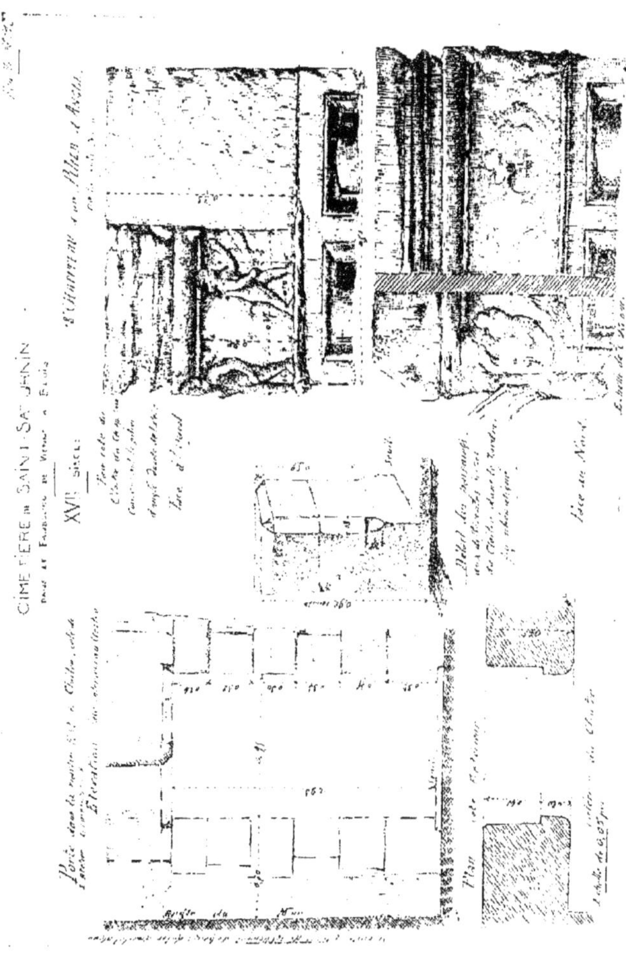

par des feuilles dans leurs entrelacements, forment des rinceaux. cette partie est assez abîmée.

A la droite, un génie, plus petit que celui d'angle repose
sur l'astragale et tient toute la hauteur de la frise, il a l'air
d'en accoster un autre dont on ne voit que le bras droit.
Toute cette partie extrême du chapiteau a été remplacée
par une assise de pierre qui est restée épannelée seulement.

Au-dessus, dans le milieu du tailloir on voit un morceau
d'un fleuron qui a été lui aussi coupé... L'état dans lequel
est ce chapiteau ne permet pas de reconnaître l'idée domi-
nante de ce lieu.

1er *Chapiteau* (feuille 1 *bis*)

(Du pilier d'angle, entre la galerie des lucarnes, et de la galerie
face au nord ou des piliers en pierre.)

Pour ce chapiteau nous nous placerons, comme pour le
précédent, suivant la diagonale de l'intersection des galeries
où il est. En face et sur l'angle, une figure nue reposant sur
l'astragale tient de sa main droite un miroir et sur le bras
une écharpe qui recouvre le ventre, la main gauche repose
sur la hanche. La tête faisant saillie sur le quart de rond
manque.

A sa gauche, on a la vue de deux fémurs entrelacés
d'un ruban, à la suite sur la frise qui est moins haute que
la précédente, une palmette et deux harpies ici bien définies:
tête de femme, corps de vautour avec ailes et griffes crochues. Sur le tailloir on aperçoit sur la première pierre un
fleuron coupé et sur l'autre en contrebas une tête humaine.
Ce chapiteau est en deux parties et elles n'ont pas la même
mouluration. Sur la face en retour, du côté du nord, on
voit des harpies dont les queues s'entrelacent et forment
un trèfle dans le milieu de cette face. Dans le tailloir, une
tête de mort.

1er CHAPITEAU.
CIMETIÈRE DE SAINT-SATURNIN
DANS LE FAUBOURG DE VIENNE A BLOIS.
Face côté du Préau.
Echelle à 0,20 p.
Tête dans le Cloître côté Gauche.
angle
XVIe SIÈCLE
COURONNEMENT DU
PILIER D'ANGLE DU
CLOÎTRE
PILIER COTÉ OUEST
Vue plus générale

A sa droite, on distingue sur la frise une sorte de calice ou ciboire et un rinceau de fleurons avec cuirs et bandelettes style renaissance, puis une partie qui a été détruite et, à la suite, une sorte de guirlande formée par des fémurs enguirlandée de rubans avec plis nombreux et entre deux chandeliers suspendus à un anneau par les mêmes rubans. Sur le tailloir, au-dessus des candélabres, un enfant couché ou mort dont la tête manque et au-dessus du ciboire une tête d'amour ou d'enfant très bien marquée.

Ce chapiteau, orné de la sorte et ayant été refait car l'une des faces a été ajoutée et sculptée après coup, indique une sorte d'étape. L'artiste d'abord paraît s'être inspiré de la mythologie en sculptant le crâne avec les harpies voleuses, sculpture peut-être faite bien avant; et ensuite il eut plus le sentiment de la destination du lieu et de l'esprit de la mort qui avait frappé les esprits simples de cette époque et prenait la place principale des croyances et des préoccupations du peuple qui y voyait à la fois le terme et le but de la vie. Dans la danse des morts, toutes les professions et tous les âges étaient représentés depuis le pape et l'empereur jusqu'au dernier des mendiants et depuis le vieillard jusqu'au nouveau-né. La figure tenant le miroir indique que l'homme doit se connaître lui-même et que depuis son enfance jusqu'à la mort, il doit s'observer dans toutes ses actions.

17ᵉ *Chapiteau* (feuille 17.)

(Du pilier d'angle, entre le préau et la galerie face au nord.)

Sur ce 3ᵉ chapiteau, dix-septième de la rangée, dans la galerie des piliers en pierre face au nord, nous remarquons alors la véritable signification des ornements comme dans ceux qui vont suivre et qui sont dans cette dernière galerie.

C'est la grande danse des morts figurée réellement ou symboliquement par des attributs que l'artiste a voulu représenter.

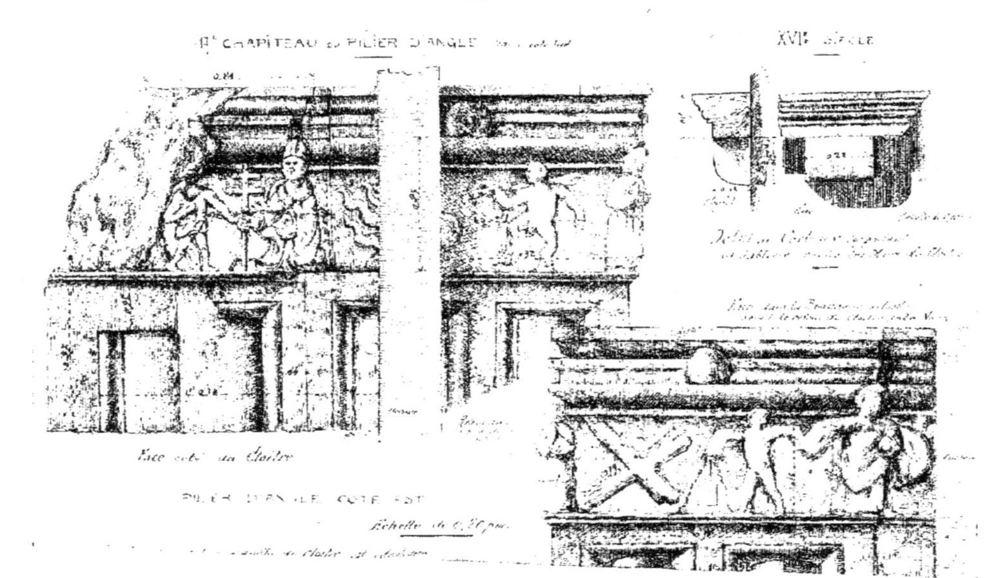

CIMETIÈRE DE SAINT-SATURNIN
DANS LE FAUBOURG DE VIENNE A BLOIS
8e CHAPITEAU DU PILIER D'ANGLE
XVIe SIÈCLE
Face coté du Cloître
PILIER D'ANGLE, COTÉ EST
Échelle de 0.20 p.m.

Cette suite de scènes sculptées sur la pierre ou peintes sur
les murs des édifices religieux ou particuliers *(Louis XII
en 1502, dit-on, en fit peindre une dans une galerie de son
château de Blois)*, était la reproduction des scènes des représentations que l'on donnait à ces époques désignées sous le
nom de Mystères et moralités *(on croit que, en 1424, il en
fut représenté une au cimetière des Innocents, à Paris)*.
On n'est pas tout à fait certain si ce genre de pièce macabre a été joué textuellement par des mimes ou des acteurs
vivants; pourtant Cervantès, dans son immortel *Don Quichotte*, cite le passage où ce dernier rencontra des acteurs
de ce genre.

Je citerai : le chapitre xi de l'édition de Furne, Journet et Cie,
éditeurs, 45, rue Saint-André-des-Arts, traduction de Charles
Furne, parce que l'on a fait des éditions plus ou moins complètes
suivant que les auteurs ou les éditeurs avaient intérêt à supprimer
des passages qui n'étaient pas suivant leurs opinions. Cela
devient des ouvrages massacrés et plutôt ne rien faire que d'agir
de la sorte.

« Don Quichotte allait répliquer quand tout à coup, au détour du
chemin parut un chariot chargé de divers personnages et des plus
étranges figures qu'on pourra imaginer. Celui qui faisait l'office
de cocher était un horrible démon et comme le chariot était découvert, on voyait aisément ceux qui étaient dedans. Après le
cocher, la première figure qui s'offrit aux yeux de Don Quichotte
fut celle de la mort sous un visage humain. Tout près d'elle se
tenait un ange avec des ailes de différentes couleurs ; à sa droite
était un empereur avec une couronne paraissant d'or ; aux pieds
de la mort on voyait assis le dieu Cupidon avec son carquois, son
arc et ses flèches, mais sans le bandeau sur les yeux, enfin un chevalier armé de toutes pièces, si ce n'est qu'au lieu d'un casque il
portait un chapeau orné de plumes de diverses couleurs, complétait la troupe : ... acteurs de la troupe d'Angulo le mauvais... Ce
matin, octave de la Fête-Dieu nous venons de représenter derrière
cette colline que vous voyez là-bas la tragédie des Cortés de la
Mort et nous devons la jouer encore ce soir dans le village qui
est devant vous.

Chapitre xii « ... Eh bien, reprit Don Quichotte, il en est de même dans la comédie de ce monde, les uns sont empereurs, les autres papes, finalement autant de personnages différents que sur le théâtre. Puis quand arrive la fin de la pièce, c'est-à-dire quand vient la mort qui leur fait quitter les oripeaux qui les distinguaient, tous redeviennent égaux dans la sépulture. »

L'antiquité ne paraît pas avoir connu cette idée du moyen âge sur le but de vie, si ce n'est que l'on retrouva en 1810 à Cannes un bas-relief qui représente trois squelettes dan-

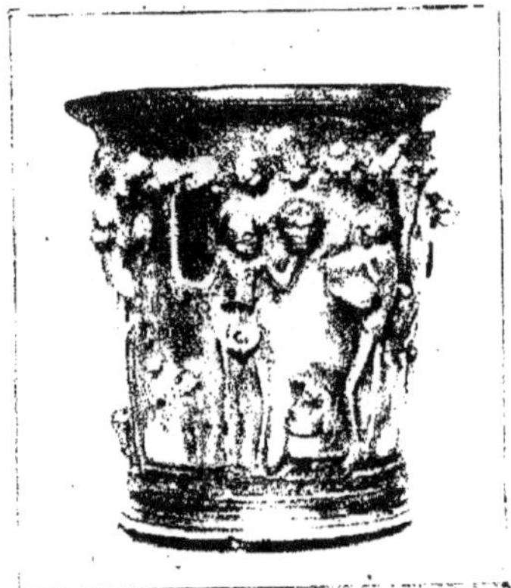

sant devant un paysan qui joue de la flûte. Dans les fouilles de Pompéi ont a trouvé aussi un vase à boire où est figuré aussi un squelette tenant une tête. (Voir Thedenat Pompéi, fig. 108, page 150.)

Les artistes du moyen âge fidèles et sincères reproduisaient suffisamment ce qu'ils voyaient, il n'y aurait rien d'extraordinaire que, véritablement ces sortes de spectacles aient eu lieu devant la foule, surtout dans l'état d'esprit dans lequel le peuple était tenu à ces temps sombres et troublés par les guerres intestines, factions des Armagnacs et des Bourguignons, guerre contre les Anglais, l'inquisition, etc., la famine, les épidémies et le fanatisme religieux...

Ce ne fut que bien après, au seizième siècle, que les manuscrits représentèrent tous ces sujets imprimés d'abord
par Simon Vostre, dont le prototype paraît être la *Grande
danse macabre* de Guyot Marchand. (*La première édition
date de 1485, puis la fameuse danse des morts de Bâle et
celle gravée sur les dessins d'Holbein.*) M. Mérimée rapporte qu'à La-Chaise-Dieu (Haute-Loire) la danse macabre
était représentée par 67 personnages, à Dresde il y en avait
27 et l'on a compté 39 villes ou localités en France où cela
a été exécuté, soit en sculpture soit en peinture, mais on a
oublié celle qui se trouve dans ce cimetière, à Blois. Dans
la *grande danse macabre* de Troyes il y a 40 hommes et
37 femmes[1].

Dans cette suite de scènes il y a l'acteur qui débute ainsi :

L'ACTEUR

O créature roysonnable
Qui désire vie éternelle
Tu as cy doctrine notable
Pour bien fine vie mortelle.
La danse macabre s'appelle :
Que chascun à danser apprant
A l'homme et femme est naturelle
Mort n'épargne petit ne grant
En ce miroer chascun peut lire
Qui le convient ainsi danser
Saige est celuy qui bien s'y mire
La mort le vif fait avancer
Tu vois les plus grans commencer
Car il n'est nul que mort ne tiere
C'est piteuse chose y panser
Tout est forgié d'une matière.

1. Larousse. *Dictionnaire*, tome VI. D., page 82, danse macabre.
VII. Danse macabre de Bâle. *La Grande encyclopédie*. XIII. Cote-DELL,
page 645. Danse § IV. danse macabre.

La mort en est le coryphée et le diable le maître des cérémonies.

On y voit, pour les hommes :

Le Mort, décharné.

1. Le pape. 2. L'empereur. 3. Le cardinal. 4. Le roi. — 5. Le légat. 6. Le duc. 7. Le patriarche. 8. Le connestable. — 9. L'archevêque.— 10. Le chevalier. 11. L'évêque. 12. L'escuyer. 13. L'abbé. 14. Le bailly. 15. L'astrologien. 16. Le bourgeois. 17. Le chanoine. 18. Le marchand. — 19. Le maître d'escole. 20. L'homme d'armes. 21. Le chartreux. 22. Le sergent. — 23. Le moinne. 24. L'usurier. Le pauvre homme. 25. Le médecin. 26 L'amoureux. — 27. L'advocat. 28. Le menestrel. 29. Le curé. — 30. Le laboureur. 31. Le promoteur. 32. Le geolier. 33. Le pelerin. 34. Le bergier. 35. Le cordelier. 36. L'enfant. 37. Le clerc. 38. L'hermite. 39. Le hallebardié. — 40. Le sot. 41. Le roi mort. — Puis l'auteur.

On y voit pour les femmes :

PREMIER MENESTREL. — LE TIERS MENESTREL.
SECOND MENESTREL. — LE QUART MENESTREL.

La Morte, décharnée avec quelques longs cheveux sur le crâne.

1. La reine. 2. La duchesse. 3. La régente. 4. La femme du chevalier. 5. L'abesse. 6. La femme de L'escuyer. 7. La prieuse. 8. La demoiselle. 9. La bourgeoise. — 10. La femme vefue. — 11. La marchande. 12. La baillue. 13. L'espousée. 14. La femme mignote. — 15. La pucelle vierge. — 16. La theologienne. — 17. La nouvelle mariée. — 18. La femme grosse. — 19. La chamberiere. — 20. La recommanderesse. — 21. La vieille demoiselle. — 22. La cordeliere. 23. La femme d'accueil. 24. La nourrice. 25. La bergière. — 26. La femme aux potences (béquilles). — 27. La femme de village. 28. La vieille. 29. La revenderesse. — 30. La femme amoureuse. — 31. La garde d'accouchées. — 32. La jeune fille. — 33. La religieuse. 34. La sorciere. 35. La bigotte. — 36. La sotte. 37. La reine morte. puis l'acteur[1].

<hr>

1. Voir la réimpression de la *Danse macabre de Troyes*, de 1486 à 1589, avec bois gravés, à la bibliothèque de la ville de Toulouse.

La grande danse macabre des hommes et des femmes précédée du dict des trois morts et des trois vifs, du débat du corps et de l'âme et de la complainte de l'âme damnée. Baillers, libraire, quai des Grands-Augustins, 13, édition de 1765, édition de Jean Leroy, Troyes, 1531, copiée à son tour par Garnier, de Troyes, en 161..

Les comptes cités à la suite ont été pris dans ce livre.

Sur l'angle de la frise de ce 17e chapiteau de pilier d'angle donnant dans la buanderie actuelle, ou ancien préau, et reposant sur l'astragale, est figuré un personnage habillé comme un moine les mains jointes comme pour la prière.

LE MORT.

Ha maitre par là passerez
N'ayez ja soing de vous deffendre
Plus hommes n'espouvanterés
Après moinne sans plus actendre
Ou penser vous : cy fault entendre
Tantost aurez la bouche close.
Homme n'est : forsque veut étrindre
Vie d'homme est moult peu de chose.

LE MOINNE.

J'amasse encore mieulx estre
En cloistre et faire mon service,
C'est un lieu dévost et bel estre
Or ay je comme fol et nice.
Du temps passé commis maint vice
De quoy n'ay pas fait pénitance
Suffisant. Dieu me soit propice.
Chascun n'est pas joyeux qui dance.

A la gauche du visiteur se trouve, dans la frise, le diable dansant et portant sur son épaule droite une sorte de massue, il fait face à une gerbe de flammes dirigées vers le pape mitré et à genoux sur l'astragale. Il tient la double croix, qui est tenue aussi par le mort, de la main gauche. qui est ceint d'une draperie retombant entre les jambes décharnées. Ce personnage du pape dépasse la frise de toute la tête et de la mitre et est placé sur l'angle côté de la galerie nord. La tête du mort manque ainsi que tout le retour de ce côté du chapiteau.

Le Mort.

Vous qui vivez certainnement
Quoy qu'il tarde ainsi danserés
Mais quant? Dieu le scet seulement
Advisez comme vous ferez.
Dam Pâpe : Vous commencerez
Comme le plus digne seigneur ;
En ce point honoré serez.
Aux grans maistre est deu l'honneur.

Le Pape.

Hée : faut-il que la danse mainne
Le premier : qui suis dieu en terre.
J'ay en dignité souverainne
Et l'Eglise comme saint Pierre
Et comme aultre : mort me vient querre
Encore point morir ne cuidasse
Mais la mort à tous maine guerre
Peu vault honneur que si tost passe.

A sa droite, on trouve sur la frise, du côté de la buanderie, deux fémurs en croix, puis le mort supportant une pelle renversée et tenant par la main gauche un personnage habillé, drapé d'un manteau flottant, tenant de sa main droite le mort et dans sa main gauche une mitre ou une aumônière.

Le sujet repose sur l'astragale et forme angle ; il dépasse la frise de toute la tête : la figure est très empâtée et l'objet qu'elle tient est assez mal défini.

Sur le tailloir on remarque deux crânes, dont l'un est très indécis.

Le Mort.

Patriarche pour basse chière
Vous ne pouvez estre quitte
Votre double croix qu'avez chière
Un aultre aura. c'est équite.
Ne pensez plus à dignité
Ja ne serez pape de Rome
Pour rendre compte este cité
Folle espérance deçoit l'homme.

LE PATRIARCHE.

Bien appercoy que mondan honneur
M'a deceu : pour dire le voir
Mes joie a torné en doleur :
Et que vault tant d'honneur avoir :
Trop hault monter n'est pas savoir
Haulx estas goitent gens sans nombre
Mais peu veulent le percevoir
A hault monter le faiz encombre.

4ᵉ pilier

(entre le préau et la galerie face au midi).

Le 4ᵉ pilier d'angle ne possède aucun chapiteau ni aucune mouluration, il est tout à parements lisses en plusieurs assises de pierres, et ne possède que le contrefort à glacis du côté du jardin.

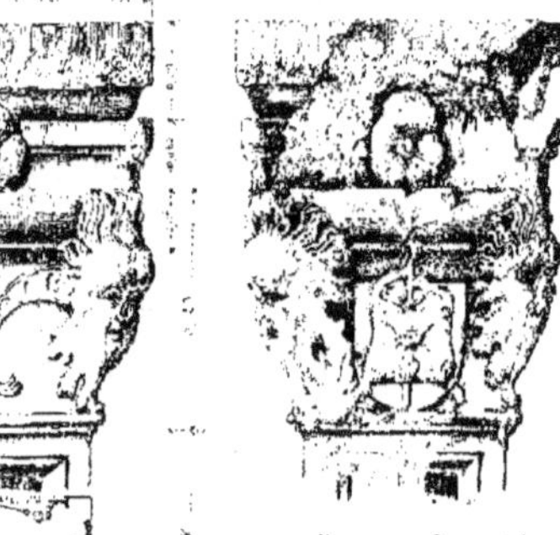
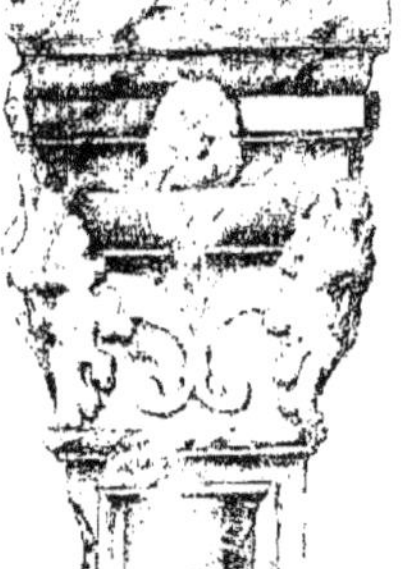
Feuille n° 2
CIMETIÈRE DE SAINT-SATURNIN
DANS LE FAUBOURG DE VIENNE A BLOIS
XVIe SIECLE
2e CHAPITEAU
Face de Gauche
Face coté du Cloître
Profils
Échelle de 0,20

Les chapiteaux des piliers à fûts monolithes

DE LA GALERIE FACE AU NORD

2ᵉ chapiteau ou chapiteau à l'aumônière (feuille 2).

Sur les quatre angles de ce chapiteau sont sculptés quatre masques d'hommes barbus de différentes expressions, dont les cheveux en forme de flammes se raidissent

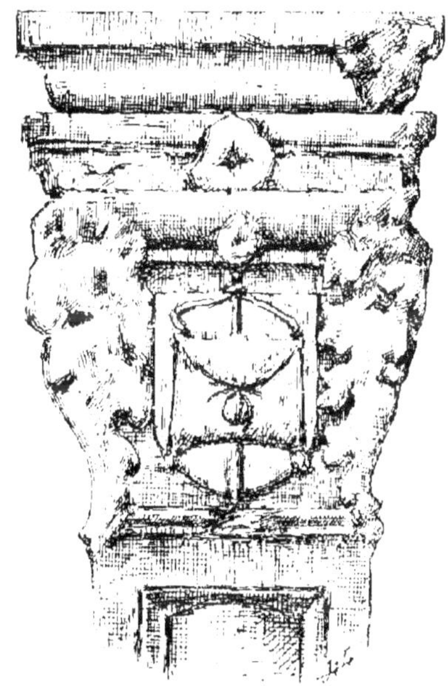

et viennent s'appliquer sur le quart de rond couronnant la corbeille; par leurs barbes stylisées en feuilles d'acanthe ils reposent sur l'astragale. Sur trois faces, ils sont réunis par deux cuirs recourbés attachés par une bague et se terminant par une palmette en deux parties symétriques, divisées chacune en trois lobes.

Sur la face de droite et la face du jardin, cette partie est encore très empâtée, ainsi que le bas des masques, par l'enduit.

Sur la face donnant dans la galerie se trouve placée, entre les deux masques d'angles, sur un écusson, une aumônière avec fermoir en forme de coquille, et de chaque côté dans le bas des glands. Elle est suspendue par des liens attachés à une hampe. Cette sculpture rappellerait l'époque d'Anne de Bretagne ou Louis XII, mais il y a une coquille comme fermoir, et c'est ce qui jette un doute. Était-ce Anne de Bretagne, était-ce Claude de France que l'artiste avait voulu symboliser?

Ce deuxième chapiteau est tout à l'opposé de celui où se trouve la salamandre (16ᵉ chapiteau), pour lequel il n'y a pas de doute. Aussi, après la remarque de particularité de position, je me permettrai de donner ici le colloque de la Morte avec la Reine de cette théorie de personnages qui sont visés par l'artiste.

LA MORTE.

> Noble royne de beau coursage
> Gente et joyeuse à l'advenant
> J'ay de par le grand maître charge
> De vous en mener maintenant
> Et comme bien chose advenant
> Ceste danse commencerez
> Faictez denoir au ramenant
> Vous qui vivez ainsi ferez.

LA REINE.

> Ceste danse m'est bien nouvelle
> Et en ay le cœur bien surprins
> Hé! Dieu : qu'elle dure nouvelle
> A gens qui ne l'ont pas apprins
> Las en la mort est tout comprins
> Rayne-Dame, grant ou petite
> Les plus grans sont les premiers prins
> Contre la mort n'a point de fuyte.

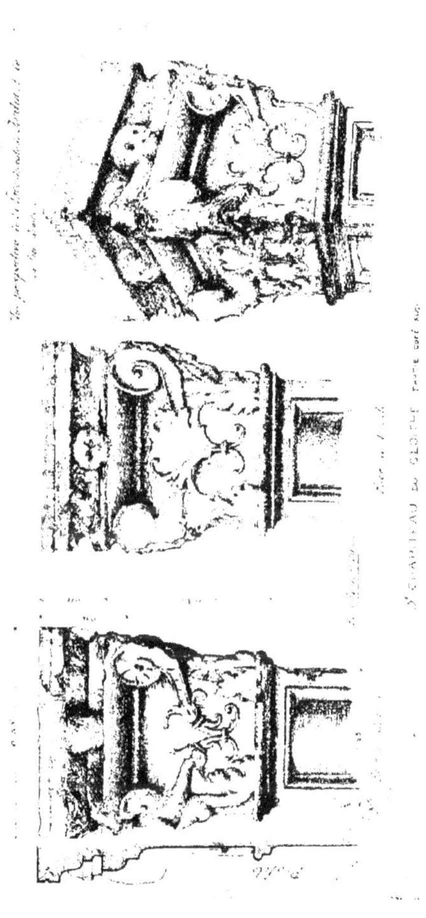

CHAPITEAU DU CLOCHER (porte côté est)

3e *chapiteau* (feuille 3).

Si ce n'était l'ornementation du tailloir qui porte dans son axe, sur les quatre faces, des crânes, et dont l'abaque du dessous forme deux sortes de bras décharnés de chaque côté des têtes de mort, et dont les extrémités assez détériorées semblent retenir les volutes d'angle du chapiteau, on le considérerait comme un chapiteau renaissance ordinaire pour tout le reste de l'ornementation, car, sur ses faces, il n'y a aucun symbole ou emblème, ce ne sont que des rinceaux de feuilles d'acanthe ou des fleurons se terminant par des volutes retournées en sens inverse de celles des chapiteaux ioniques italiens. Sur les coins et sur l'astragale reposent quatre feuilles d'acanthe, qui soutiennent, par dessous, les cuirs enroulés.

4e *chapiteau* (feuilles 4 et 4 bis).

Ce 4e chapiteau est très orné et d'un travail plus fini que certains autres de la galerie. Le tailloir est mouluré sur les quatre faces, et l'abaque couronnant la corbeille l'est aussi. Elle est de plus incurvée sur chaque face. Il porte sur trois faces trois crânes, et sur la quatrième une tête d'homme avec favoris très bien sculptée.

Les quatre angles sont formés par des conques marines, soutenues par des feuilles d'acanthe, dont la pointe de la feuille est renversée et repose en se retournant un peu sur l'astragale.

Sur la face dans la galerie, dans le milieu de la corbeille, deux fémurs, l'un vertical, l'autre par-dessus, incliné de droite à gauche, y sont indiqués.

Sur la face droite, le symbole de l'amour ou de l'amoureux, le carquois avec les flèches incliné de gauche à droite,
et l'arc posé par-dessus, incliné de droite à gauche, la
corde tombante et repassant derrière le carquois.

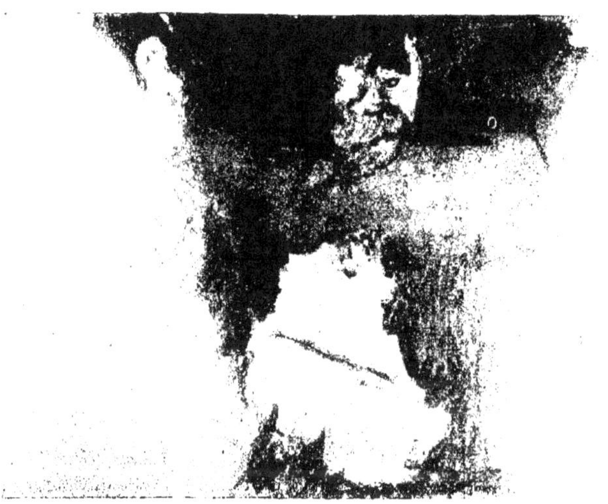

LE MORT.

Gentil amoureux gent et trique
Qui vous cuidez de grant valeur
Vous etez pris la mort vous pique
Le monde larés a doleur.
Troup l'avez amer : C'est folens
Et à morir peu regarder
Ja tost vous changerez coleur
Beauté n'est qu'imaige faider.

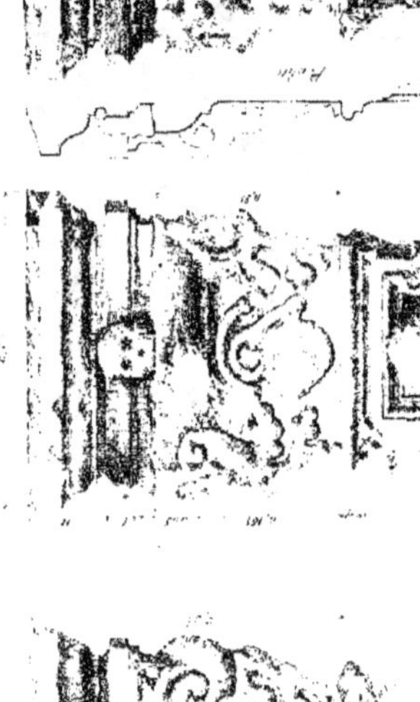

CIMETIÈRE DE SAINT-SATURNIN
DANS LE FAUBOURG DE VIENNE A BLOIS
XVIᵉ SIÈCLE
4ᵉ CHAPITEAU DU CLOITRE PARTIE COTÉ SUD

L'Amoureux.

Hélas aor n'y a il recours
Contre mort, adieu amorettés :
Moult tost va jeunesse a decous.
Adieu chapeaux, bouqués, fleurétes.
Adieu amans et pucelettes.
Souvienne vous de moy souvent.
Et vous mires si sages estes
Petite pluie abat grant vent...

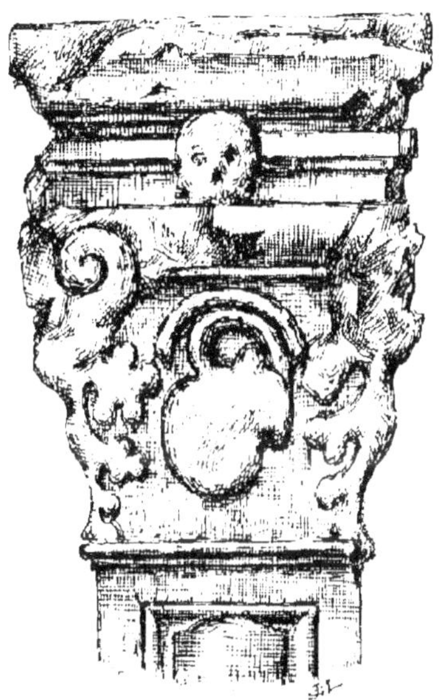

Sur la face de gauche est représentée une pelle avec manche et poignée, symbole du fossoyeur.

Sur la face donnant sur le jardin, on aperçoit un pot avec une anse, couronné par une clavicule ou un pilon. Cela paraît être le symbole du médecin où l'artiste s'est inspiré de l'art antique en figurant un vase lacrymatoire, de verre ou de terre, renfermant les baumes dont on arrosait le bûcher ou les cendres des morts chez les anciens.

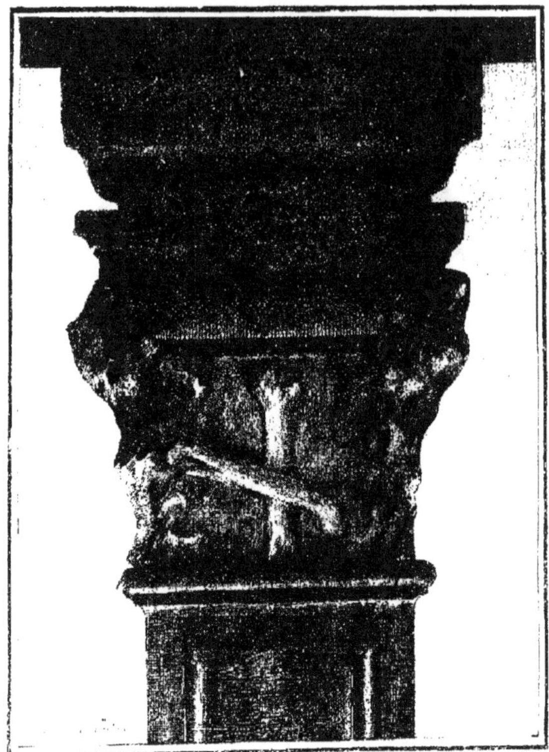
CIMETIÈRE DE SAINT-SATURNIN
DANS LE FAUBOURG DE VIENNE A BLOIS
XVIe siècle

Les volutes sont à peu près écornées; les feuilles d'acanthe sont encore empâtées et ont ainsi perdu leur caractère.

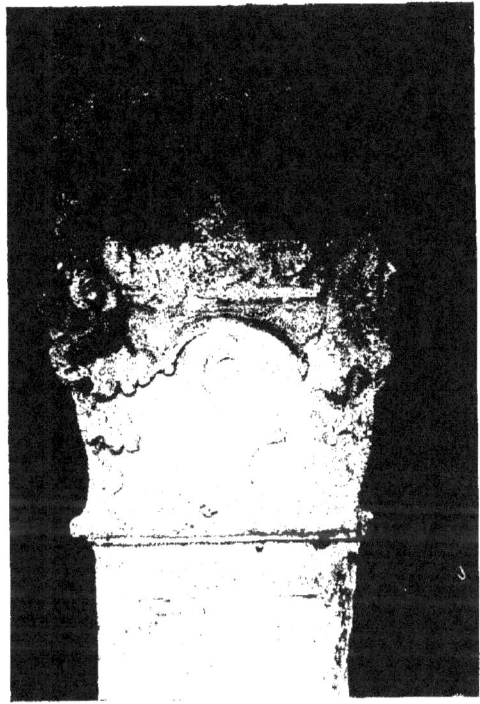

Le Mort.

Medecin à tout votre orinne
Voïci vous icy quamander
Jadis sçutes de medecine
Assés pour pouvoir commander
Or vous vient la mort demander
Comme aultre vous convient morir.
Vous n'y pouvez contremander.
Bon mire est : qui se scet guerir.

LE MÉDECIN.

Longtemps aquen l'art de phisique.
J'ay mis tout mon estudie.
J'avoye science et pratique
Pour guerir mainte maladie.
Je ne sçay que je contredie
Plus n'y vault herbe n'y racine
N'autre reméde quoy qu'on die
Contre la mort n'a medecine.

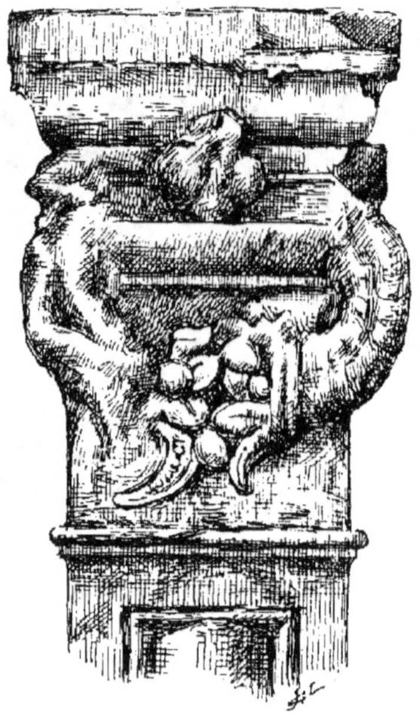

5ᵉ chapiteau (feuille 5).

Chapiteau couronné d'un tailloir avec abaques moulurés, orné d'un fleuron trilobé sur les quatre faces.

Sur la face droite et la face du jardin, aux angles, cuirs formant volutes renversées, c'est-à-dire en sens inverse des volutes du chapiteau ionique romain, ornements purement renaissance.

Sur la face côté de la galerie, deux torches ou flambeaux renversés formant volutes tournent leurs flammes l'une contre l'autre et semblent sortir du dessous de l'abaque. Symbole un peu confus, car on pourrait y adapter l'idée de la lutte de la vie, l'idée de raison, de science ou de génie.

Sur la face gauche, l'un des flambeaux gauche devient une corne d'abondance sur cette face par l'interprétation de la corne du bélier laissant sortir des fruits. L'un des cuirs de droite de la face du jardin se transforme aussi en corne d'abondance avec fruits ou légumes débordants et l'on reconnaît même des pois dans leur parchemin, très bien figurés.

Ce sujet, par les temps de famine qui avaient sévi et qui existaient encore même au commencement de la renaissance, serait-il une ironie de l'artiste? A-t-il voulu symboliser le laboureur, j'ose mettre ici, à cette place, l'entretien du mort et du laboureur.

LE MORT.

Laboreur qu'en soing et painne
Avez vescu tout votre temps :
Morir fault c'est chose certainne.
Reculer n'y vault ne contens,
De mort devés estre contens,
Car de grand soussy vous délivre.
Approchez vous ie vous actens,
Folz est qui cuyde tousiours vivre.

LE LABOURELR.

La mort ay souhaité souuent,
Mais volontier je la fuisse.
J'amaisse mieux pleye ou vent
Estre es vignes ou ce fouisse.
Encor plus grant plaisir y prisse
Car je pers de peur tout propos.
Or n'est-il qui de ce pas ysse
Au monde n'a point de repos.

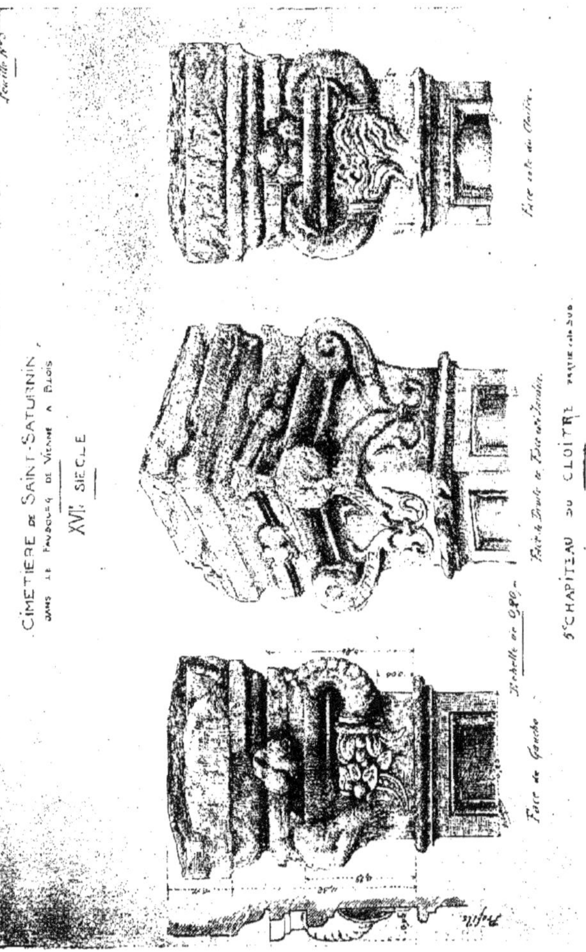

CIMETIERE de SAINT-SATURNIN
dans le Faubourg de Vienne a Blois
XVI SIECLE
Echelle de 0,90
5 CHAPITEAU du CLOITRE partie du sud
Face coté du Cloitre.
Fait a Droite a l'Est et Intérieur.
Face de Gauche
Profil.

6ᵉ chapiteau (feuille 6).

Le tailloir a la même ornementation que ceux des chapiteaux précédents : crâne de squelette sans maxillaire, plus
ou moins bien conservé.

Sur les angles, dans la galerie et sur la face de gauche,
on voit des figures de harpies ailées dont les têtes man-

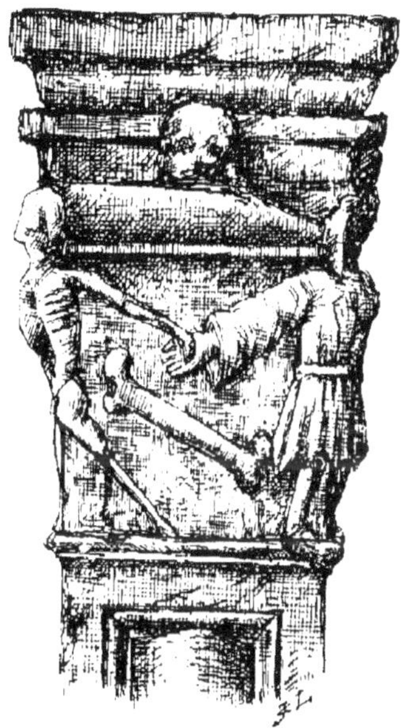

quent, et reposent de leurs griffes sur des feuilles d'acanthe ;
les queues forment des rinceaux terminés par des feuillages
trilobés et des fleurons en forme de pin.

Sur l'angle droit de cette face, le squelette décharné, dont
la tête manque, repose sur l'astragale et déborde sur le
quart de rond, il tient de sa main droite une faux accom-
pagnée d'un os courbé. En retour sur la face de droite, il
tire, de son bras gauche, le bras droit d'un personnage

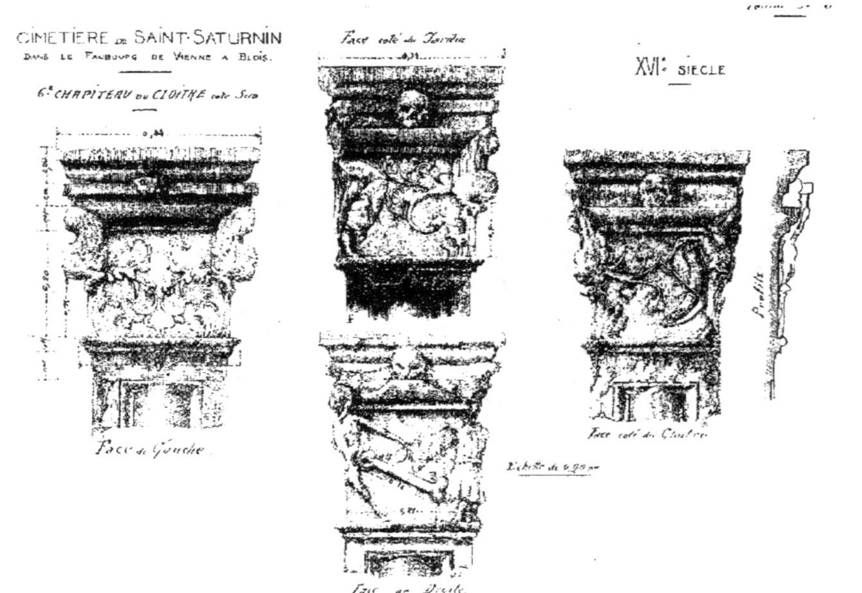

CIMETIÈRE DE SAINT·SATURNIN
DANS LE FAUBOURG DE VIENNE A BLOIS.
6.e CHAPITEAU DU CLOITRE côté Sud
Face côté du Jardin
XVI.e SIÈCLE
Profils
Face de Gauche.
Face en Dedans.
Échelle de 0.05 p.m.
Face côté du Cloitre.

reposant sur l'astragale, habillé d'une tunique longue on-
dulée, avec ceinture, qui tient de sa main gauche une
escarcelle. Sa tête manque et débordait sur le quart de
rond. Entre les deux figures est interposé un fémur sur la
face droite. Ces sculptures se ressentent de l'art antique et
de l'art gothique; elles marquent la transition que fut
ce quinzième siècle. Aucun autre attribut ne spécifie plus
spécialement le personnage habillé. Dans la danse macabre
de Troyes certaines figures ont les mêmes attitudes et les
mêmes objets; tels dans ce livre : Le Bourgeois et le
Menestrel, l'Advocat et l'Astrologien (Pl. 10 et 16) se res-
semblent.

LE MORT.

Bourgeois hatez vous sans tarder
Vous n'avez avoir ne richesse
Qui vous puisse de mort garder
Se des biens dont eustes largesse;
Avez bien usé c'est sagesse.
D'autruy vient tout : a autruy passe
Fol est qui d'amasser se blesse.
On ne scet pour qui on amasse.

LE BOURGEOIS.

Grant mal me fait si tost laissier.
Rentes maisons : cens : norritures.
Mais pouvres : riches abaissier;
Tu fais mort. telle est ta nature
Sage n'est pas la créature.
D'amer trop les biens qui demeurent
Au monde : et son sien de droiture
Ceulx qui plus ont : plus enviz meurent.

LE MORT.

Marchant regardez par deça
Pleuseurs pays avez cherchié
A pié et à cheval de pieça
Vous n'en serés plus empeschié
Veez vostre dernier marchié.
Il convient que par cy passés,
De tout soing serés despechié
Tel convoite qui a assez.

Le Marchand.

J'ay esté amont et aval
Pour marchander ou je pouvoye
Par longtemps à pièe : à cheval
Mais maintenant pers toute joye
De tout mon pouvoir acqueroye
Or cy je assez mort me contraint
Bon fait aller moyenne voye.
Qui trop embrasse peu estraint.

Il m'a paru intéressant de citer ici le colloque du mort
et du bourgeois ainsi que celui du mort et du marchand, le
personnage pouvant être pris pour les deux.

Je me permettrai de citer, de même à cette place, les collo-
ques du mort avec le clerc. — Ces personnages peuvent
avoir voulu être représentés par la figure de ce chapiteau,
qui donne lieu à bien des interprétations, surtout que sur
les autres faces il n'y a pas de motif symbolique.

Le Mort.

Cuider vous de mort eschapper
Clerc esperdu pour reculer :
Il ne s'en faut ja de tripper.
Tel cuide souvent hault aller
Qu'on voit à cop tost ravaller
Prenez en gré : alons ensemble
Car rien n'y vault de rebeller
Dieu punit tout quant bon lui semble.

Le Clerc.

Faut-il qu'un jeune clerc servant
Qui en service prent plésir.
Pour cuide venir en auant
Meure sitot. C'est déplésir.
Je suis quitte de plus choisir
Aultre estat il fault qu'ainsi danse
La mort m'a pris à son loisir
Moult remaint de ce que fol pense.

7⁰ *Chapiteau* (feuille 7).

Ce chapiteau est assez mutilé. Le tailloir est à peu près informe; on voit tout de même les crânes qui sont aussi épauffrés et enduits sur les angles de la face donnant sur la galerie; on voit à droite un squelette, tenant de sa main droite une pelle qui est appliquée sur la frise, et à gauche, un bras avec une manche d'habit tenant une sorte de massue sur la même frise. Sur le retour, sur la face gauche, cette figure, qui a été coupée presque entièrement, ne laisse apercevoir qu'une jambe nue, ou emmaillottée, et le bras nu ou avec habit collant, tenant dans le milieu de cette face un bouquet de feuillages et de fruits assez volumineux attachés par un ruban avec plis nombreux. Est-ce la représentation du sergent?

Sur la face droite, le premier squelette d'angle tire de son bras gauche la main droite d'un personnage, drapé amplement et agenouillé; sa tête dépasse de beaucoup la frise et a été coupée; il est fort mutilé du côté du jardin, mais, sur cette face, il tient de sa main gauche un flambeau dont les flammes sont dirigées vers le mort; au-dessus est placé un mortier. Ici, pas de doute, c'est l'astrologien qu'on a voulu représenter.

Sur la face du jardin les angles du chapiteau sont épauffrés; on ne voit que le bras du mort sur la face en retour, à gauche, qui tient un ruban du bouquet et un bras du squelette d'angle de la face droite qui tient, de son bras droit, un des rinceaux d'une plante bulbeuse à larges feuilles qui repose dans un vase bas et en forme de coupe.

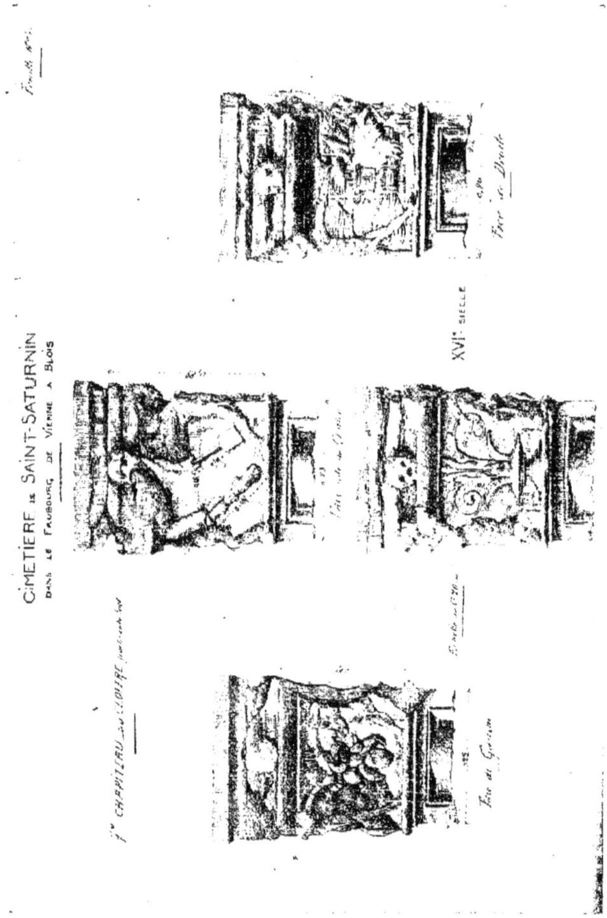

CIMETIÈRE de SAINT-SATURNIN

DANS LE FAUBOURG DE VIENNE A BLOIS

Feuille N°...

1er CHAPITEAU du CLOITRE

Face de Gauche

Face du Cloitre

Face de Droite

XVIe SIÈCLE

Échelle de 0,70 m

Le Mort.

Sergent qui portes cette mace
Il semble que vous rebellez.
Pour néant faites la grimace :
Se on vous grève si appelez
Vous esté de mort appelez
Qui bien rebelle il se déçoit
Les plus forts sont tous ravallez
Il n'est fort qu'aussi fort ne soit.

Le Sergent.

Moi qui suis royal officier
Comme ni ose la mort frapper
Je fasoye mon office hier
Et elle me vient huy happer
Je ne scay quelle part eschapper :
Je suis pris de ça et de là.
Malgré moy me laisse apper
En vie meurt qui appris ne la.

Le Mort.

Maistre pour vostre regarder
En hault : ne pour vostre clergie
Ne povez la mort retarder.
Cy ne vault rien astrologie.
Toute la généalogie
D'Adam qui fut le premier homme
Mort prend : ce dit théologie
Tous fault mourir pour une pomme.

L'Astrologien.

Pour science ne pour degrez
Ne puis avoir provision.
Car maintenant tous mes regrez
Sont mourir à confession.
Pour finale conclusion
Je ne scay rien de plus descrive
Je perds cy toute advision.
Qui vouldra bien merir bien vive.

8ᵉ *Chapiteau* (feuille 8).

(Chapiteau du connestable.)

L'ornementation de ce chapiteau est seulement composée de la figure du connestable, placée sur l'angle droit de la face droite et faisant retour sur celle côté jardin.

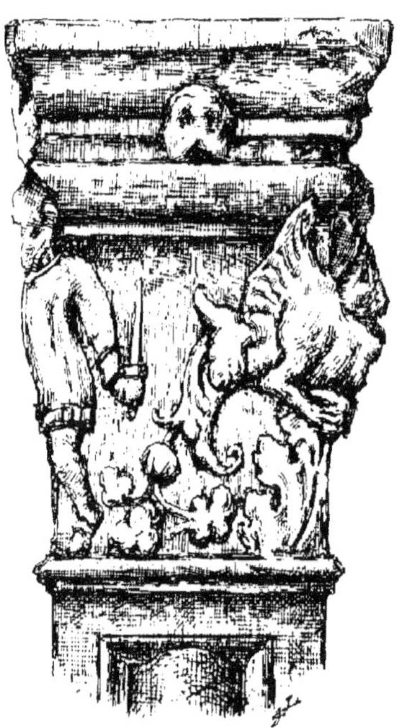

Il est habillé d'une tunique qui laisse voir par-dessous une côte de maille; il porte un maillot et des solerets comme chaussure. La tête dépassant sur le quart de rond a été mutilée.

Le mort, placé sur l'angle de la face droite, est à moitié

drapé et se retourne sur la face, côté de la galerie; il tient de sa main droite une flèche. Sa main gauche est étendue comme pour prendre la main du connestable. Sur la face droite, au-dessous des deux bras de ces personnages, est placé horizontalement un fémur un peu recourbé.

Les deux autres angles du chapiteau sont formés par des harpies ailées reposant, par leurs pattes serrées, sur une feuille d'acanthe. On aperçoit les seins sur la poitrine, et sur l'une la tête de femme est bien conservée. Les queues se terminent sur les faces en rinceaux de feuilles trilobées retenant un fleuron en forme de calice style renaissance.

Le tailloir est à peu près détérioré comme mouluration; on remarque, sur deux côtés, deux fleurons empâtés et sur les deux autres, deux crânes, dont l'un est à peu près informe. Ce pilier est au droit du passage allant de la galerie dans le jardin.

Le Mort.

C'est de mon droit que je vous mainne
A la danse gens connestable
Les plus fors comme Charlemagne
Mort prent : c'est chose véritable.
Rien n'y vault chière épouventable
Ne fortes armes en cest assault.
D'un coup jabas le plus estable,
Rien n'est d'armes quand mort assault.

Le Connestable.

J'avoye encore intencion
D'assaillir chateau forteresse;
Et mener à subjection
En acquierant honneur richesse.
Mais je voy que toute proesse
Mort met abas : c'est grant despit
Tout lui est ung : doleur rudesse
Contre la mort n'a nul respit.

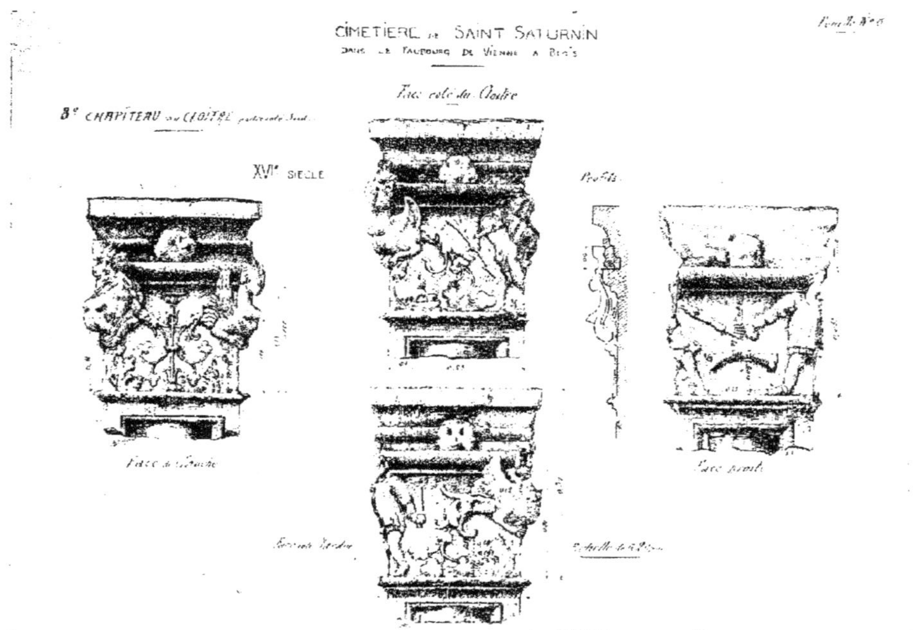
CIMETIÈRE de SAINT SATURNIN
DANS LE FAUBOURG DE VIENNE A BLOIS
Face coté du Cloître
3e CHAPITEAU du CLOITRE galerie du Sud
XVIe SIÈCLE
Profils
Face de gauche
Face droite

9° *Chapiteau* (feuille 9).

Ce chapiteau a tout l'angle gauche de la face sur la galerie coupé. Du personnage qui formait cet angle, il ne reste que la main gauche qui tient à plat la main du mort sur une palmette posée sur un trépied.

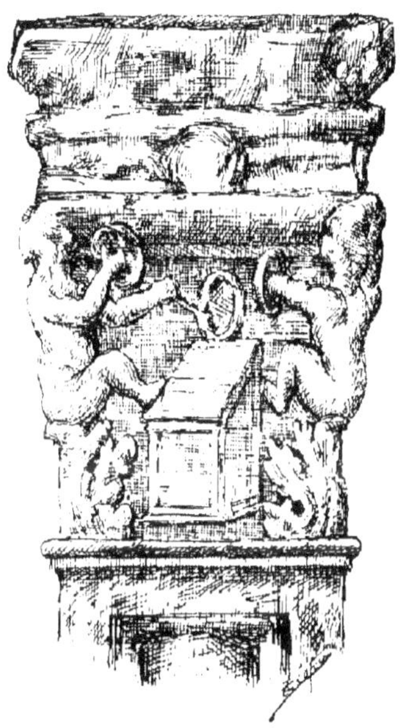

Le mort est très bien marqué au contraire, sauf un peu le crâne qui est dénaturé. Sur le retour de la face droite il tient un serpent, qui sort de l'orbite de la tête d'un bucrâne, ornement très courant dans le style renaissance. Un autre serpent sort de l'œil gauche du bucrâne, et deux autres sortent de la mâchoire.

Sur la face de gauche, on voit la figure d'un personnage

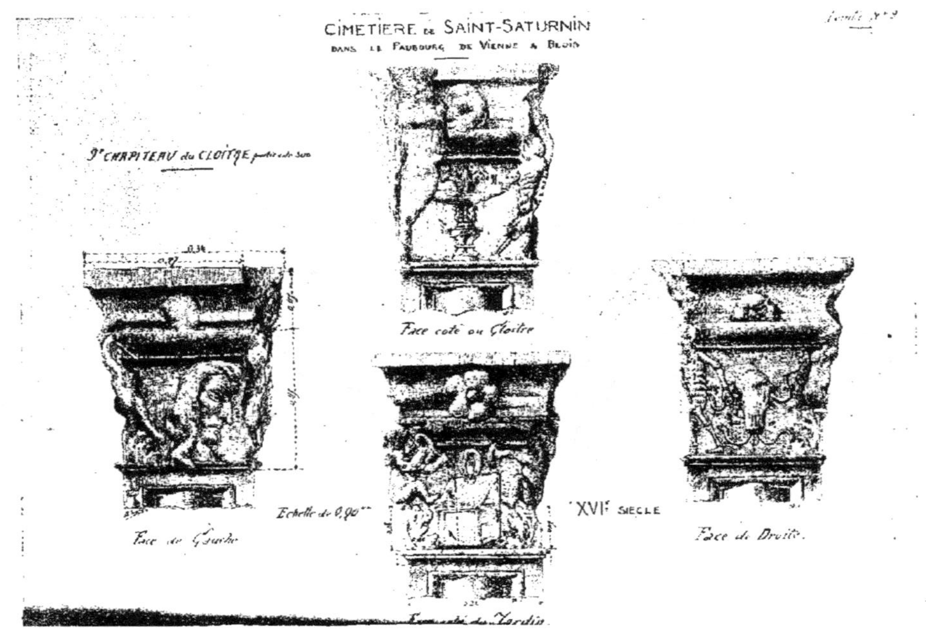

Feuille N° 9
CIMETIÈRE de SAINT-SATURNIN
DANS LE FAUBOURG DE VIENNE A BLOIS
9e CHAPITEAU du CLOITRE partie du Sud
Face coté du Cloître
Face de Gauche
Echelle de 0,90
XVIe SIÈCLE
Face de Droite
Face coté du Jardin

sculptée drôlement et mal placée, dont la chevelure est encore empâtée.

Ce motif n'est pas de l'époque et tranche des autres par sa naïveté mal opportune.

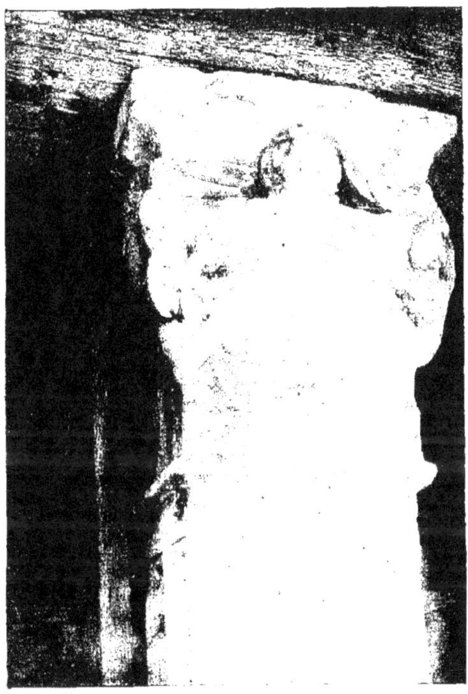

Les deux autres angles sont formés par deux amours vus de dos, assis sur des feuilles d'acanthe, qui jouent au moyen de bâtons sur des tambours qu'ils tiennent de leurs mains droite et gauche.

Sur la face du jardin, entre les deux amours, se trouve une sorte de pupitre ou orgue, ou serinette, surmonté d'un tambourin.

Quatre fleurons à trois et quatre lobes ornent le tailloir qui est bien endommagé. Est-ce le menestrel qui a été représenté ?

Ce pilier est au droit du passage donnant accès de la galerie dans jardin et en face le 8ᵉ pilier.

LE MORT.

Menestrel qui danses et notes
Savez et avez beau maintien
Pour faire esiouir sos et sotes :
Qu'en dicte vous, alons nous bien
Montrer vous fault puisqu'on vous tien
Aux aultres cy : ung tour de danse
Le contredire n'y vault rien
Maistre doit montrer sa science,

LE MENESTREL.

De danser ainsi neusse cure
Certes tres emus ie meu merle
Car de mort n'est pautre plus dure
J'ai mis sab le banc ma vielle
Plus ne corneray sauterelle
N'autre danse : mort m'en retient
Il me fault obeir a elle
Tel danse aqui a cueur n'entient.

10ᵉ *Chapiteau* (feuille 10).

Ce chapiteau est orné, sur les angles de la face gauche, de deux amours ailés, dont l'un a été très endommagé ; il ne reste que, sur la face du jardin, un bras avec une aile tenant le rinceau de la queue d'une harpie et la jambe. L'amour de droite est mieux conservé, mais la moitié du buste et la tête manquent ; il tient de sa main gauche, sur la face de la galerie, le rinceau d'une queue de harpie. Entre ces deux amours, sur la face gauche, se trouve sculpté une

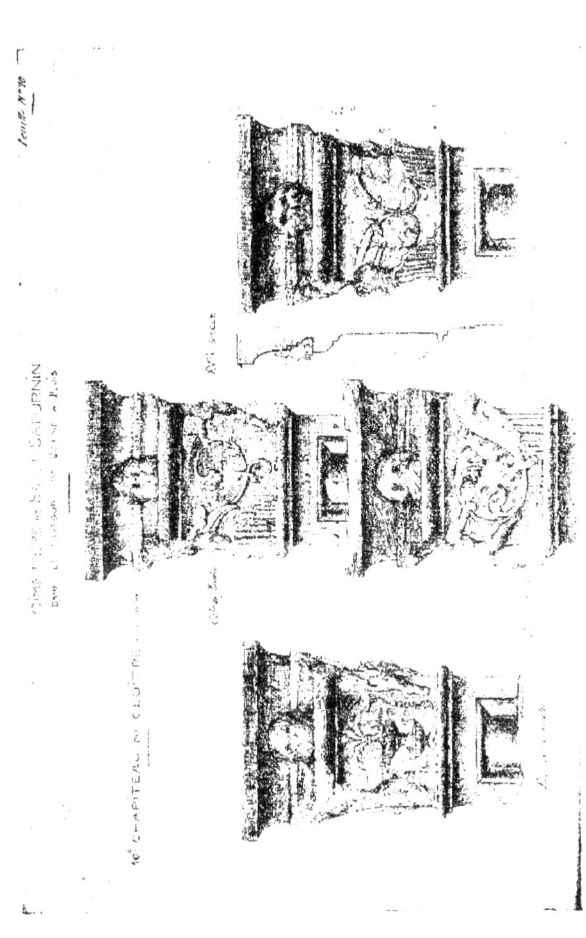
Feuille N°79
CIMETIÈRE DE SAINT-SATURNIN
DANS LE PASSAGE DU VIEUX CLOITRE A BLOIS
16e CHAPITEAU DU CLOITRE

sorte de flacon goderonné, avec base et goulot évasé en forme de feuille; au-dessus, une palmette avec bague. Sur la droite de ce récipient on voit une sorte de chapelet à trois ou quatre grains, terminé par un flocon.

Sur les angles de la face droite sont deux harpies ailées, mais les corps manquent ainsi que les têtes; l'une d'elles est empâtée sur la face du cloître; elles reposent sur des feuilles simplement cannelées, de forme archaïque.

Le tailloir est de mouluration simple et est orné de crânes empâtés ou coupés. Ce chapiteau possède tout simplement une ornementation renaissance.

11ᵉ *Chapiteau* (feuille 11).

Le 11ᵉ chapiteau est intéressant sur toutes ses faces.

Les figures d'angles de la face droite sont faites par des sortes de figurines avec têtes humaines très bien marquées et rieuses; elles ont des ailes et sans bras, la poitrine est goderonnée, le bas du corps est une sorte de corne d'abondance avec feuilles recourbées, retenue en l'air par deux petites feuilles cannelées reposant sur l'astragale. Les extrémités de ces cornes s'enroulent, vers le milieu de la face, en forme de queue de reptile relevée et formant deux bras d'une lyre, et accôtant une sorte de plante bulbeuse avec fleur, genre de celle du glaïeul, ou comme un épi de blé.

De ce côté, sur le tailloir, on voit une face humaine très nette et bien sculptée, sans la mâchoire inférieure, mais l'artiste l'a voulu ainsi.

Sur la face du cloître on voit la figurine d'angle de la face droite, dont le corps, sur cette face, se termine et s'enroule en forme de rinceau de feuilles. Au milieu de cette face on voit encore une plante bulbeuse reposant sur un socle à gorge. Sur le tailloir de cette face on voit une grosse fleur trilobée avec pistil.

Les figures d'angle de la face de gauche sont deux masques de différente expression faisant peut-être allusion au
sot ; entre eux, sur le milieu de cette face, sur une sorte de
pied trilobé reposant sur l'astragale, on trouve une plante

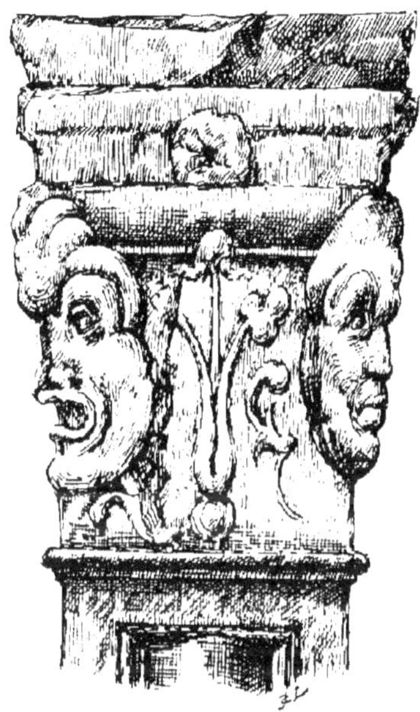

à trois branches écartées, se terminant chacune par une
fleur à trois pétales. Sur le tailloir, qui est coupé en partie,
une fleur à trois pétales avec pistil empâtée.

Sur le milieu de la face du jardin, une plante bulbeuse
à trois bourgeons est très bien sculptée et très visible ; elle
est entortillée par une cordelière avec bagues. Est-ce à
Valentine de Milan ou à Anne de Bretagne que l'artiste
a pensé ?

Valentine de Milan avait pris la cordelière comme devise

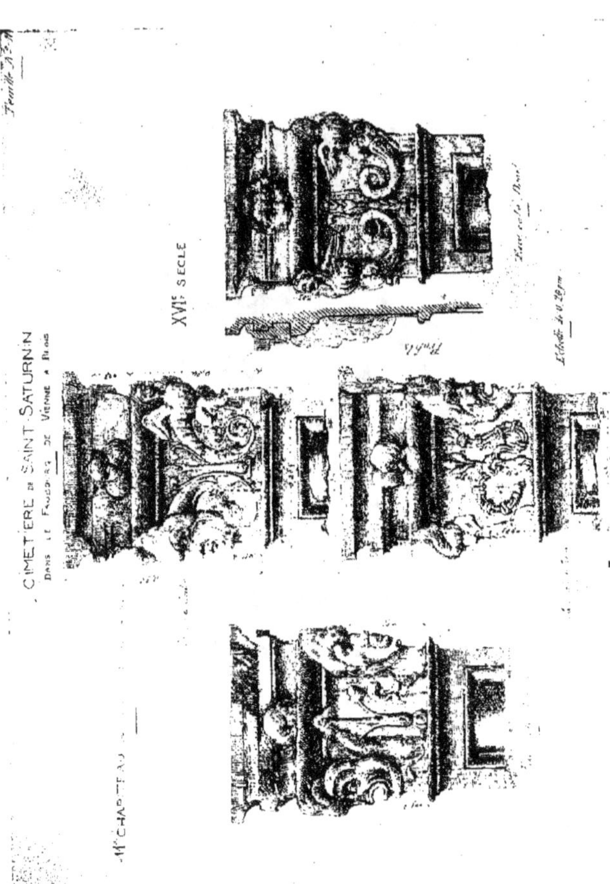

Feuille N° ..
CIMETIÈRE de SAINT-SATURNIN
DANS LE FAUBOURG DE VIENNE A BLOIS
XVIe SÈCLE
Echelle de 0.28m

à cause de son veuvage ; Anne de Bretagne l'avait adoptée
aussi avant la mort de Charles VIII.

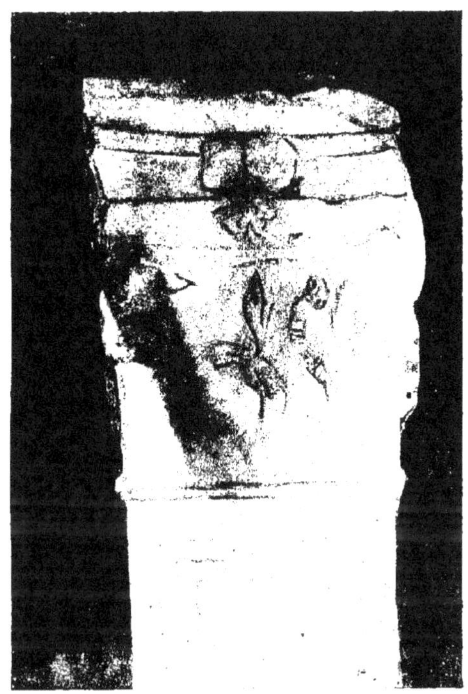

Le Mort.

Que si dansez n'est que usage
Mon ami sot ; bien vous advient
De y danser comme plus sage
Tout homme danser y convient
L'escriture si n'en souvient
Dit en ung pas : qui bien l'entend
L'homme s'en vad point ne revient
Chascun chose à sa fin tend.

LE SOT.

> Or sont maintenant bons amis
> Et dansent icy d'un accord :
> Pleuseurs qui étaient ennemis
> Quant ils vivoient et en discord
> Mais la mort les a mis d'accord.
> Laquelle fait estre tout ung
> Sages et sotz : quand Dieu l'accord
> Tous mors sont dins estat commun.

La *Danse des morts* de Troyes se termine pour les hommes par ce dernier sujet.

12ᵉ *Chapiteau* (feuille 12).

La figure d'angle gauche de la face, côté de la galerie, représente un évêque habillé de ses ornements sacerdotaux tenant de sa main gauche une crosse; il repose sur l'astragale et dépasse de toute la tête, qui est abîmée ainsi que le vêtement, sur le quart de rond de la frise. Sur le milieu de la face gauche en retour, il donne la main droite au mort décharné, recouvert à mi-corps d'une draperie flottante: de son bras gauche étendu, il tire l'évêque et, de son bras droit levé et étendu, il supporte une pelle plaquée contre un fémur à peu près vertical; encore, entre les deux figures, sur la face de gauche, on voit un fémur incliné de droite à gauche.

La figure d'angle droit de la face de la galerie est une harpie très mutilée, reposant par ses pattes crochues sur une feuille d'acanthe, dont le corps se termine par un rinceau avec fleurons et graines.

Sur la face, côté jardin, on voit des ailes, et l'extrémité du corps se termine par trois tiges déployées, finissant par des feuilles trilobées.

Sur la face côté droit la figure d'angle droit est une harpie
très endommagée; il n'y a plus trace de rinceau, on ne voit
que le rinceau terminant la harpie d'angle gauche. Au milieu de la frise, alors très bien apparente, se trouve une
palmette montée sur un pied, avec feuilles renversées se
terminant par des parties cornues et, au milieu, un fruit
strié, dans le genre des conifères.

Sur les faces du tailloir, très peu mouluré et bien endommagé, toujours la représentation des crânes, dont un est
très bien marqué et les trois autres sont empâtés.

Le Mort.

(Dans l'édition de Troyes le mort tient la faux).

> Tantôt n'aurez vaillance pie
> Des biens du monde et de nature
> Evesque de vous il est pie
> Non ostant estre prélature.
> Vostre fait git en aventure.
> De vos subgés il fault rendre compte
> A chascun Dieu fera droicture
> N'est pas asseur qui trop hault monte.

L'Evêsque.

> Le cueur ne me peut esjouir
> Des nouvelles que mort m'apporte
> Dieu vouldra de tout compte oïr.
> C'est ce que plus me desconforte.
> Le monde aussi, peu me conforte
> Qui tous à la fin deshérite
> Il retient tout, nul, rien n'emporte
> Tout ci se passe fort le mérite.

Dans la *Danse des morts* de Troyes, l'abbé porte aussi une
crosse. Je citerai ici, aussi, les strophes du mort et de
l'abbé.

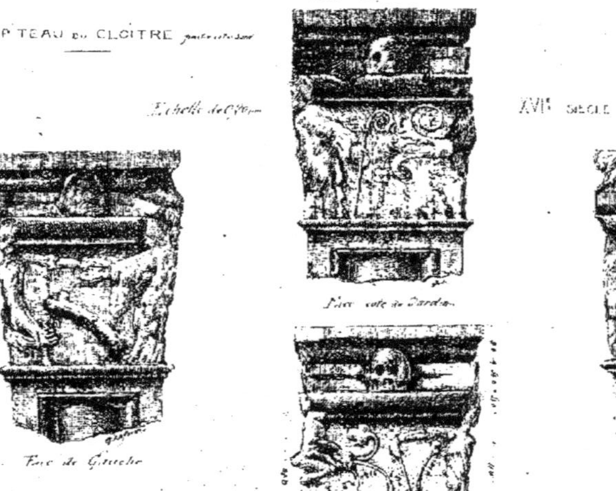
Feuille N° 28
CIMETIÈRE DE SAINT-SATURNIN
DANS LE FAUBOURG DE VIENNE A BLOIS
Face coté du Cloître
19e CHAPITEAU DU CLOITRE
Echelle de 0,10m
XVIe SIÈCLE
Face coté de Jardin
Face de Gauche

LE MORT.

Abbé venez tost. Vous fuyez :
N'ayez ja la chiere esbaye
Il convient que la mort suyvez.
Combien que moult l'avez haye
Commandez a Dieu l'abaye
Que gros et gras vous a nourry
Tost pourriez a peu de aye
Le plus gros est premier pourry.

L'ABBÉ.

Du cuy n'eusse point envie :
Mais il convient le pas passer
Las : or n'ay je pas ci ma vie
Gardé mon ordre sans casser
Gardez vous de trop embrasser
Vous qui vivez au demorant
Se vous voulez bien trépasser
On s'avise tard en mourant.

13ᵉ Chapiteau (feuille 13).

Ce chapiteau couronne le pilastre qui possède un contrefort avec glacis du côté du jardin. Il n'est orné que sur
trois faces. Les deux faces latérales possèdent, sur les angles, des figurines, moitié humaines moitié poisson, genre
sirènes, retenant de leurs bras l'enroulement de leurs
queues qui encadrent dans le milieu des faces des pal-
mettes à trois feuilles.

Sur la face, côté galerie, les mêmes animaux fabuleux
formant angles retiennent, de leurs bras, le retour de leur
terminaison en rinceaux de feuilles et cuirs divisés en
trois parties.

Dans le milieu de cette face on distingue très bien un
calice surmonté d'un fleuron stylisé en flamme.

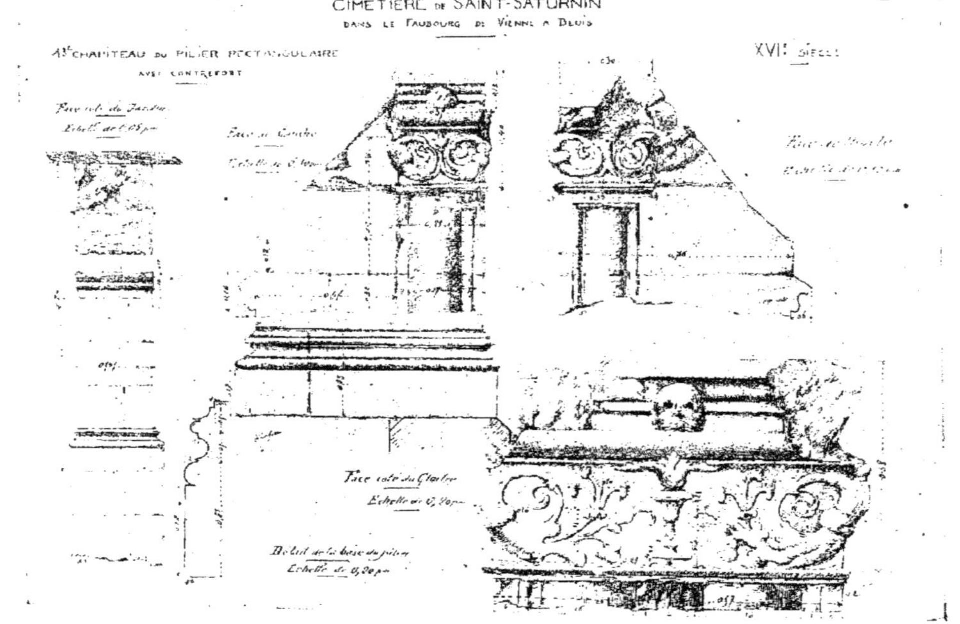
CIMETIÈRE DE SAINT-SATURNIN
DANS LE FAUBOURG DE VIENNE A BLOIS
Feuille N°
1er CHAPITEAU DU PILIER RECTANGULAIRE
AVEC CONTREFORT
XVIe SIÈCLE
Face côté du Jardin
Echelle de 0,08 p.m.
Face de Gauche
Echelle de 0,08 p.m.
Face de Droite
Echelle de 0,08 p.m.
Face côté du Cloître
Echelle de 0,08 p.m.
Détail de la base du pilier
Echelle de 0,20 p.m.

Le tailloir est très abîmé, ainsi que l'un des grotesques, dont toutes les têtes manquent. Sur la grande face on voit un crâne bien détaillé et, sur la face gauche, un autre qui est empâté ou abîmé. Le troisième manque totalement.

Dans ce chapiteau les ornements sont très renaissance; le calice même pourrait avoir, par sa flamme, une représentation symbolique de la période d'exaltation de cette époque.

14° *Chapiteau* (feuille 14).

La face de gauche possède, dans son milieu, un amour assez bien défini bandant son arc.

La face du côté galerie a dans son axe un vase, en forme de coupe, surmonté d'une sorte de griffe de plante renonculacée.

La face de droite est ornée, dans son milieu, d'un écusson avec cuirs retournés, style renaissance italienne, suspendu par un ruban retombant de chaque côté.

La face côté jardin montre, dans son milieu, une pierre tombale, à pans coupés très bien marqués, supportée par des anneaux et entourée d'un ruban s'entrecroisant sur son milieu.

Les quatre angles de ce chapiteau sont formés par des conques marines en saillie plus ou moins abîmées et reposant sur des feuilles d'acanthe posées sur l'angle et sur l'astragale.

Le tailloir, sobre de moulures, face jardin et face gauche, porte deux crânes : l'un est visible, l'autre est empâté; face droite et face galerie, deux fleurons trilobés ornent ces deux faces.

Ce chapiteau paraît être une redite du 4° de la galerie avec l'amour représenté par le personnage lui-même et non par son emblème, comme dans le quatrième chapiteau.

La pierre tombale doit être l'emblème du sépulcre. Quant

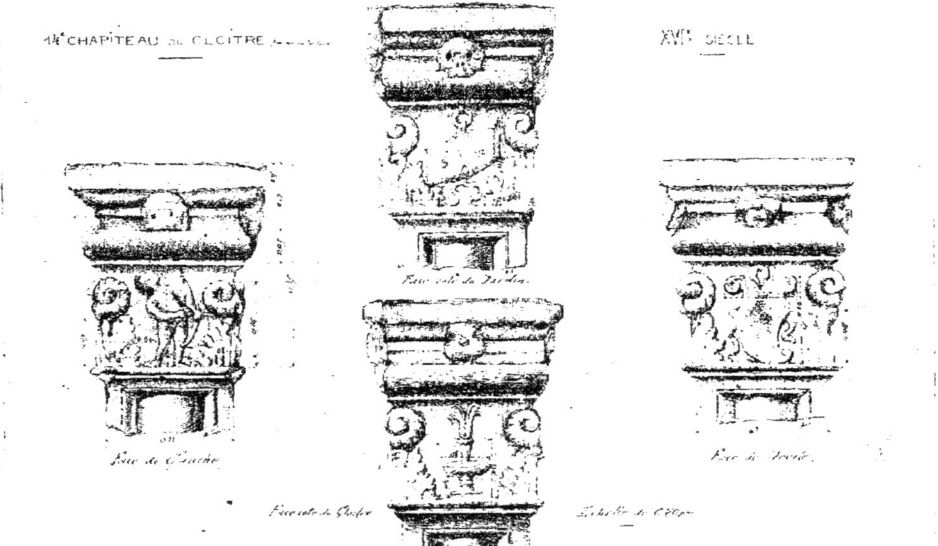

CIMETIÈRE de SAINT-SATURNIN
DANS LE FAUBOURG DE VIENNE A BLOIS
Feuille N° 14
14e CHAPITEAU DE CLOITRE
XVIe SIÈCLE
Face côté du Jardin
Face de Gauche
Face côté du Cloître
Echelle de 0,20m
Face de Droite

à l'écusson, qui ne porte aucun monogramme, il ne définit
ici rien, car il est identique, par sa forme, à certains qui
sont sculptés au château de Blois, mais sur lesquels il y a
le monogramme de François Iᵉʳ.

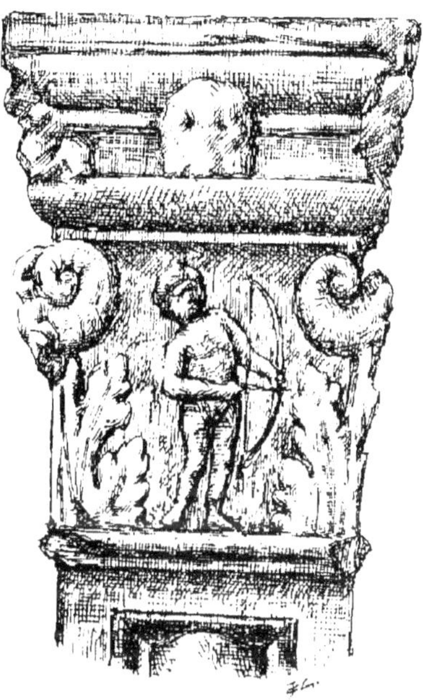

L'idée générale de l'expression de ce chapiteau peut vou-
loir dire que même l'amour, ardent et présomptueux, est
anéanti dans le sépulcre.

15ᵉ *Chapiteau* (feuille 15).

L'angle gauche de la face, côté de la galerie, représente un
personnage costumé et ceint d'une écharpe; sur la face de
la galerie il tient, dans sa main gauche, une bourse ou une
sorte d'ampoule. Sur la face gauche, il est tenu par le bras

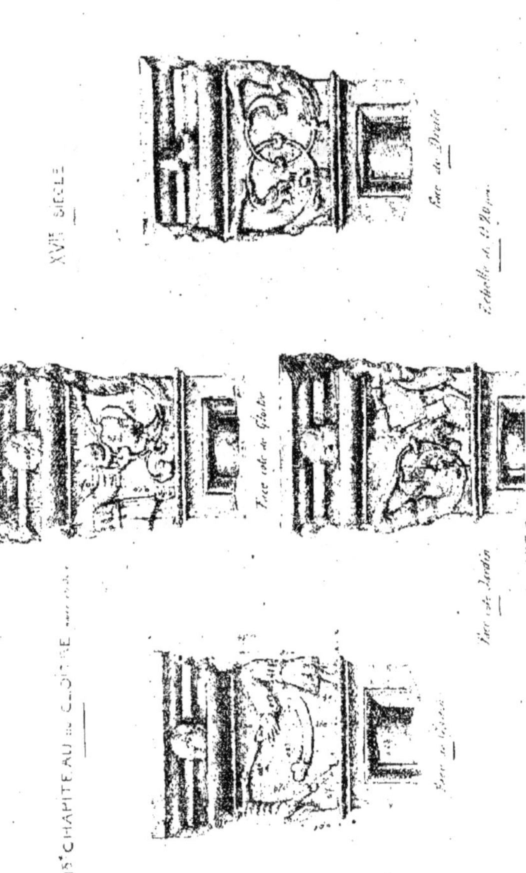

du squelette formant l'angle gauche de la face gauche.
Entre les deux figures, sur cette face, posé horizontalement
et recourbé en croissant, on voit un fémur. Sur la face,
côté jardin, le squelette tient dans sa main droite une pelle,

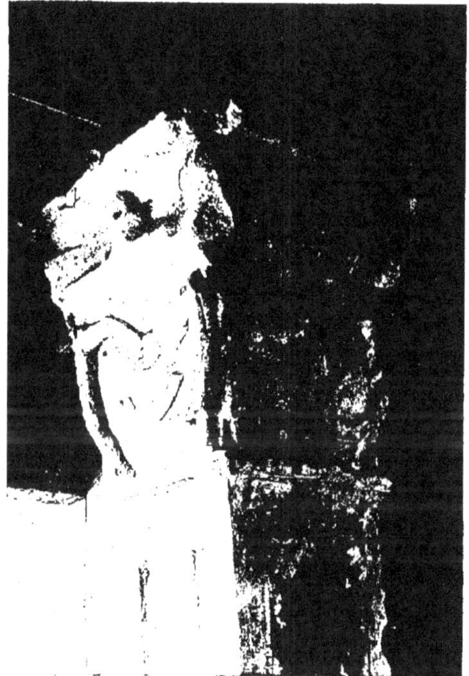

et une partie des os de la cuisse est recouverte d'une draperie flottante.

Les deux angles de la face droite sont formés de deux
torses d'amour dont les têtes manquent et dont l'un est
très abîmé. Ils sont engainés dans des culots de feuilles se
terminant par des rinceaux de fleurons et cuirs recourbés.

Trois faces du tailloir portent des crânes empâtés et la face droite a, dans son milieu, un fleuron endommagé.

Malgré la définition douteuse du personnage tenant la bourse, je me permettrai de rappeler ici les strophes du mort et de l'usurier :

LE MORT.

Usurier de sens desruglés
Venez tot : et me regardez.
D'usure estes tant aveuglés :
Que d'argent gaigner tout arder
Mais vous en seres bien lardes
Car se dieu qui est merveilleux
N'a pitié de vous : tout perder
A tout perdre est coup périlleux.

L'USURIER.

Me convient-il sitost morir
Ce m'est grant peine et grévance
Et ne me pouvrait secourir
Mon or, mon argent, ma chevance
Je vois morir la mort m'avance
Mais il me déplait somme toute
Quest ce de male acoustumance
Tel a beaulx yeux qui ne voit goute.

LE POVRE HOMME.

Usure est tant mauvaiz péchie
Comme chascun dit et raconte
Et cest homme qui approchie
Je sent de la mort nen tient conte
Mesme l'argent qu'en ma main compte
Encore à usure me preste
Il devra de retour au compte
N'est pas quitte qui doit de reste.

16e Chapiteau (feuille 16).

Ce 16e chapiteau est celui qui marque définitivement l'époque où fut construite tout au moins cette partie du cimetière, commencement du seizième siècle.

La face droite représente, posé sur l'angle gauche, un amour nu assis sur une feuille d'acanthe et tenant une flûte. Sur l'angle droit on aperçoit le mort tenant de sa main droite une flèche, il est vêtu d'un manteau flottant; sur la face en retour de droite, il tient, par la main, un personnage debout posé sur l'angle et reposant sur l'astragale, costumé et ceint d'une écharpe comme les autres personnages qui sont sur les autres chapiteaux décrits, mais il ne tient aucun objet dans sa main gauche et sa tête manque.

Le milieu de la face, côté de la galerie, est orné d'une sorte de vasque goderonnée sur piedestal, avec bassin surmonté d'une grille de plante rononculacée.

Le milieu de la face de droite montre une plante bulbeuse sur un pied à trois feuilles haut et bas. De chaque côté de cet ornement sont deux motifs en fuseaux que l'on retrouve dans les ornements du château de Blois et les armoiries de François Ier. Les angles de la face gauche sont formés par les amours des faces précédentes, assis sur des feuilles d'acanthe, entre eux, dans le milieu, une sorte de vase bas avec une partie bombée et striée par-dessus, d'où partent deux branches de feuilles terminées par des flocons.

Enfin, la face qui donnait sur le jardin et pour laquelle j'ai été obligé de me servir d'une glace étamée et d'une bougie pour voir ce qu'elle portait, puisque des planches malencontreuses d'une construction volante y sont adossées, m'a montré la couronne royale fleurdelisée et la salamandre de François Ier. Donc, pas de doute, ce chapiteau représente le roi.

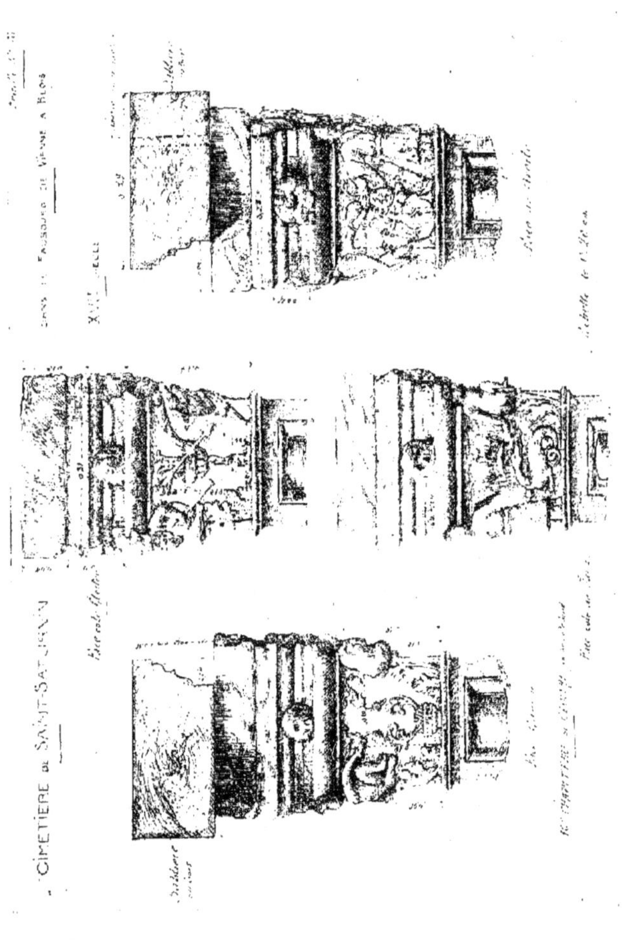

Sur trois faces du tailloir sont figurés des crânes et sur
la face de droite une fleur à cinq feuilles avec pistil.

LE MORT.

Venez noble roy couronné
Renommé de force et proesse
Jadis fustez environné
De grant pompez et grant noblesse
Mais maintenant toute hautesse
Lesserés : vous n'este pas seul.
Sen ares de vostre richesse
Le plus riche n'a qu'un linceul.

LE ROY.

Je n'ay point appris a danser
A danse et note si savage
Las on peut veoir et penser
Que vault orgueil. force linaige.
Mort destruit tout : ceit son usagie :
Aussi tost le grant que le moindre
Qui moing se prisse plus est sage
En la fin fault devenir cendre.

Enfin, comme contraste avec le roy, je citerai encore les
strophes du mort et du bergier. Qui ici n'est pas représenté?

LE MORT.

Bregier dansez legierement
Ici n'est pas qu'on doit songer
Vos brebis sont certainnement
Maintenant en autruy danger
Car vous serez pour abréger
Tost passez. plus ne pouuez vivre
L'estat de l'homme est tost changer
Qui meurt de maitz maix est diliuré.

LE BERGIER.

Las or demeurent en grant danger
Mes brebis aux champs sans pastour
Loups affamés pour les menger
A ceste heure sont alentour.
Or pour leur faire acun faulx tour
Loups sont maulvais de leur nature
Son erge ils fuent puis font retour
A tous vivans la mort court dure.

Avec ce chapiteau se termine la description des emblèmes et ornements de ce panorama de la *Danse des morts*. sculptée sur ces pierres et qui ne montre ici, dans ce cimetière, qu'une série de dix-huit ou vingt-deux personnages au plus, entremêlés avec le mort décharné à des crânes, des os et certains accessoires funéraires. On voit reparaître, de nos jours, dans cette représentation, l'idée prédominante prêchée par des moines fanatiques, que la vie humaine se résume à rien, que les honneurs sont vains et que la mort physiologique seule égalise tout. A cette époque, la fable du brahmane était inconnue et cachait encore le secret de l'évolution des êtres.

Ie.   Ho.   Vah

J'ai été.   Je suis.   Je serai.

Magnifique synthèse de la vie que chacun devrait connaître, puissante pensée qui devrait présider aux moindres actes de notre existence présente.

Pour compléter les descriptions sur la constitution de ce funèbre monument, ce qu'il renferme et l'explication de la *Danse des morts* qui y est figurée par le peu de personnages auxquels l'artiste a pensé, je donnerai, en résumé, la légende ou les dits des trois morts et des trois vifs, citée dans la *Grande danse des morts*, de Troye, qui en est la suite :

Les dis des trois mors et des trois vifs et doit on
premièrement lire le poème de l'hermite.

L'Hermite.

L'hermite voit en vision trois corps morts défigurés; il se demande ce qu'ils ont été : ou roi, ou cardinaux ou capitaine :

> « fors qu'ils ont eu tous trois faces humaines. »

Ensuite, il voit trois hommes en vie, habillés superbement et montés sur des chevaux fringants. Ils parlent aux morts, qui par leurs discours les épouvantent si bien, qu'ils laissent leurs oiseaux et leurs chevaux pour aller prier Dieu.

Suit le dialogue des mors et des vifs :

Le 1er mort. — Dit que la puissance, les honneurs, la force et la jeunesse ne sont rien puisque notre corps n'est que pourriture et ordure :

> « Telz comme vous un temps nous fumes
> Telz serez vous comme nous sommes. »

Le 2e mort. — Parle des joies et des plaisirs futiles que la vie procure, mais qui fait perdre le plaisir et la joie d'entrer en paradis :

> « Repos aurez en paradis
> faites des biens plus que pourrez
> Autre chose n'emporterez. »

Le 3e mort. — *Tiers mors*. — Il s'étonne de voir les trois vifs en gens déguisés et leur dit :

> « Vous qui n'êtes que charogne faites du bien
> Dieu est juste et paiera selon ce que chacun fera.
> Et telz cuidez vos bons amis
> Qui sont vos plus grands ennemis. »

Le 1er vif. — Il est surpris de voir ces morts lui parler :

> « De la part de cette gens hydeuse et mort
> et en l'estat que toujours dure. »

Il désire que dans l'état où il est il puisse toujours durer sans se préoccuper du lendemain :

> « chascun viure doit ne être cure. »

Le 2ᵉ vif. — Il est aussi surpris de voir ces morts leur faire de la morale, et aussi lui termine ainsi :

> « Bon y fait penser quant on peult,
> Souvent on ne pense quand on veult. »

Le 3ᵉ vif. — Conclut :

> « N'en parlons plus c'est tout néant. »

Puis il s'aperçoit alors qu'il y voit clair :

> « Fol est qui choisit ou départ
> Quand il eslit la pire part
> Deux voies sont devant nos yeux
> Unes joie et repos, l'autre au tourment et à la peine
> Vie ou mort du corps pour mettre l'âme en damnation
> Que vivre un peu en tribulation.

Et il résume qu'il faut suivre son droit chemin :

> Homme en péril sache certainement
> Que si tu n'as d'aultre vouloir briefment
> De t'amender ou aultre deuotion
> Tu te verras un jour subitement
> Homme deffait et a perdicion.

S'ensuit la complainte de l'âme damnée.

« Enseignement proffitable à toutes gens pour bien vivre et bien mourir. »

L'auteur termine ainsi :

> « Regarde ta fragilité
> Ainsi auras humilité
> Trop grant orgueil t'abaissera
> Humilité tessaulsera
> Puisque voyons certainement
> Que mourir faut finalement
> Pensons doncques de si bien vivre
> Que d'enfer nous soyons déliuré.
>   Amen.

L'auteur termine alors son ouvrage :

Cy finit la danse macabre historiée et augmentée de plusieurs nouveaux personnages et beaux dis et les trois morts et les trois

vifs ensemble, nouvellement ainsi composée et imprimée par
Guyot, marchant, demeurant à Paris, au Grand Hostel du Collège
de Nouarre en champ Gaillart.

L'an de grâce mil quatre cent vingt et six,
le septième jour de juing.

(Dans le bas de la page.)

Lille, imprimerie de Horemans, à côté d'une vignette représentant un
squelette à cheval tenant une flèche et ayant l'air de sortir de la gueule
d'un monstre, dans laquelle encore on aperçoit une tête de diable ou de
damné.

En résumé, d'après ce que dit ci-dessus l'auteur de la
danse de Troyes, on pouvait ajouter autant de personnages que l'on voulait et le sculpteur des chapitaux, dont
nous venons de parler, n'a simplement songé qu'à ces
21 personnages :

Le moinne. — Le pape. — Le patriarche. — La reine. — L'amoureux.
— Le médecin. — Le laboureur — Le bourgeois. — Le marchant. —
Le clerc. — Le sergent. — L'astrologue. — Le connestable. — Le
Menestrel. — Le sot. — L'évêque. — L'abbé. — L'usurier. — Le pau-
vre homme. — Le roi. — Le berger.

L'automne allait venir. C'était la fin d'un jour radieux,
messager des temps vermeils. Je revins visiter le funèbre
enclos. Un crépuscule enchanteur envahissait la nature.
Les parfums attiédis se condensaient dans l'atmosphère.
Des brumes légères, montant du sol, baignaient les êtres
et les choses et semblaient vaporiser dans un nuage de rêve
l'enclos et la campagne blésoise. Au loin, les forêts se décou-
paient en masses violettes cernées d'un liséré d'or. Au ciel
passait la procession des nuages chargés des derniers
rayons irisés du soleil couchant qui se reflétaient dans les
ondes azurées de la Loire. J'entrevis alors, sous la voûte
sombre des galeries, parmi les feux follets, les farfadets et
les sylphes, la longue théorie des personnages figurés sur
les pierres, ainsi que celle des pèlerins de jadis, venus en

dévotion, réciter dans ce lieu les *Pater* sur les marbres de
leurs ancêtres ; et ensuite, la farandole des ribauds et ribau-
des, des truands, des magiciens et des bateleurs, venus eux
aussi en bande joyeuse s'ébattre et dire leurs boniments
dans ce lieu macabre. Mais trop tôt mon souvenir fut dissi-
pé par le son argentin des cloches de l'église, en appelant
les fidèles à l'*Angelus.*

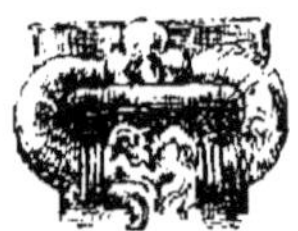

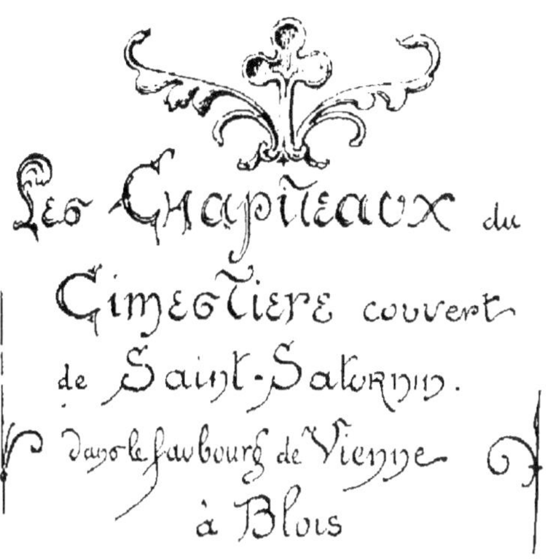

TABLE DES CHAPITRES

TABLE DES VUES ET DESSINS

———— · O· ————

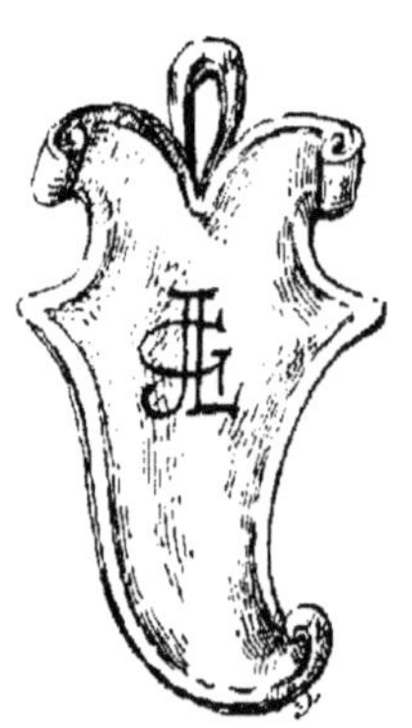

L. SALZE-PETEL
Imprimeur
TOULOUSE